自分で自分をもてあましている君へ

あきらめないよ、ADHDの君の将来

パトリック・J・キルカー Ph.D
パトリシア・O・クイン M.D.
ニキ・リンコ ＝訳

VOICES FROM FATHERHOOD
Fathers, Sons and ADHD

花風社

自分で自分をもてあましている君へ

あきらめないよ、ＡＤＨＤの君の将来

パトリック・J・キルカー　Ph.D
パトリシア・O・クイン　M.D.
ニキ・リンコ訳

花風社

はじめに――もし人生が旅行なら

旅行の計画をたてるときには、物ごとがスムーズに進むように、いろいろと準備をするだろう。たとえば、行きたい国や地方についての情報を集めたり、現地の気候を調べたり、ことばを習ってみたり、住んでいる人々のことをもっとよく知ったり、最終目的地を選んだりするだろう。

ＡＤＨＤのわが子と連れだって人生の旅を行くときも、同じことがいえる。まず、ＡＤＨＤについて、客観的な情報を集めなくてはならない。次に、ＡＤＨＤのある子どもたちの、そして、われわれ自身の〝感情の気候〟も調べる必要がある。子どものしゃべることばの意味がくみ取れるようにならなくてはならないし、子どものケアを担当する専門家たちが発する難解なことばも解釈しなくてはならない。

この世界の住人たちの中には、ＡＤＨＤという名の個性をかかえた人々がいる。同じＡＤＨＤといっても実に多彩で、とても一言でくくることなどできはしない。みんな、それぞれに自分なりの得意分野がある。まわりが正しく励ましてやれば、そして、「自分は可愛がられているんだ」「自分はパパとママの宝物なんだ」と信じることができれば、どんどん長所をみがいて、欠点を埋め合わせてもおつりがくるくらいにだってなれる子どもたちだ。

多動性の重い子どもと生活を共にするのは、楽なことではない。燃えさかる炎のまっただ中に閉じこめられたような気がすることもあるだろう。とりわけ、両親のどちらかにもＡＤＨＤがあったりするとなおさらだ。ＡＤＨＤのある親とＡＤＨＤのある子が衝突すると、とかく感情と感情がもつれてしまうことになりやすい。ＡＤＨＤの人々は感受性が鋭く、神経質で、情緒の揺れ幅も激しいのだから。ＡＤＨＤが巻き起こす嵐の中、道を見失わずに旅を続けようと思えば、確かな地図と磁石が欠かせない。

このあとに、「智慧の道」という一文を掲げさせてもらった。力に満ちた一文である。これを読めば、思わず思い起こさずにはいられない。人生という旅で、われわれは、いくつもの道を歩まなくてはならない。一人で歩くこともあれば、誰かとともに行くこともある。こうして経験することはみな、道ばたで拾った紙片のようなもの。

われわれがこの本でやろうとしているのは、小さな情報のかけらをたくさんお分けして、「ポケット」に入れてもらうことである。同じ行程を旅する親どうし、情報を交換し、互いに励まし合う。一人一人の経験は小さな紙片でも、たくさん持ち寄ってつなぎ合わせれば、息子との間に強固な関係を築くのに役立つはずだ。

ＡＤＨＤのある子どもの父親として、みなさんには、知りたいことが山ほどあることだろう。ＡＤＨＤって、いったいどんなものなんだ？　ＡＤＨＤとかいうやつのせいで、うちの子はどうなってしまってるんだ？　そんな疑問をいだいても、答えてもらえる機会などなかなかない。ほかの父親や、専門家に悩みを語る場もめったにない。「ＡＤＨＤのことを勉強しなきゃと思いながらも、本なんてほとんど読んでいない」と言う人も多い。彼らは言う。「うちの子とどうつき合ったらいいのか知りたくても、ぼくらのために書かれた本なんて一冊もなかった」。

そんな中で、なおも負けずに答えを求めつづけた父親たちは、みなそれぞれに逆境に耐えながら、工夫をこらし、わが子との間に、実にユニークな関係を築いていったのだった。

この本は、みなさんの疑問にお答えするために書かれた。ＡＤＨＤについて、子どもの発達についていて、しつけについてもある程度基本は押さえてあるものの、主眼はあくまでも父子の関係に置いている。「息子とどうかかわるか」、そして、「父子双方にとって実りのある、すばらしい関係を築くため、父親には何ができるか」。それを本書からつかんでいただければ嬉しく思う。

智慧の道

母は善良な女性だった。幼いころの私は、母こそ世界一賢い人間なのかと思っていた。だから私はある日――たぶんまだ六つか七つだったと思う――、どうしたらお母さんみたいに賢くなれるのときいてみたことがある。母は笑って、小さいのにもうそんなことを知りたいの？　と言いながらも、だけど、きかれたんだから教えてあげなきゃねと言ってくれた。

「人生って、道みたいなものなの」母は私を見下ろしてほほえんだ。「人はみんな、その道を歩いて行かなきゃいけない。寝るときだって、道で寝るのよ。無事に夜を生きのびることができたら、朝にはまた続きを歩く。そうして歩いていくうちに、いろんな経験をする。それは、道に小さな紙が落ちてるようなものよ。紙を見つけたら、拾ってポケットに入れなきゃならない。どんな小さく破れた紙でも、一つ残らずポケットに入れるのよ。そうするうちに、いっぱいたまってきたなと思ったら、つなぎ合わせてみる。そしたら、何か書いてある。たくさん拾ってあれば、意味の通る文になってるかもしれない。読めたら、書いてあったことばを肝に銘じる。紙はまたポケットにしまって、続きを歩く。だって、まだまだ落ちてるかもしれないでしょう。またいっぱい拾ったと思ったら、もう一度つないでみればいいの。前よりもうちょっとだけよくわかるかもしれない。ずっとやってるうちに、ああ、そろそろポケットから出して、つないで読むときだなってわかるようになるものよ。こうして読めば読むほど、人生の意味がわかってくるの。こうして人は賢くなる。まあ、少なくとも、ちょっと前の自分よりは賢くなれるのよ」

アンクル・フランク・デイヴィスーポーニー『智慧を守る人々』より

仲間たちへ

私にはＡＤＨＤの息子が二人いる。そんな私にとって、この本を執筆したことは、父親としての旅の第一歩となった。

それまでも、ＡＤＨＤについてはかなりのことを学んできたはずの私だったが、この本に登場するお父さんたちにインタビューを重ねるうち、「ああ、まだまだ学ぶことは山ほどあるのだ」と痛感させられ、「これをほかの人たちにも伝えなくては」という思いを強くした。

この感覚には、前にも覚えがあった。そう、ずっと昔、野外活動の指導員を目ざして訓練を受けていたころに味わったのと同じ気持ちだ。

研修の内容は、若者たちのグループを統率して、野外でさまざまな冒険を体験させること。中でも一番難しいのは、人里離れた山野を何日もかけて徒歩で旅するというプログラムだ。

受講の申し込みをしたときの私は、自分がこれからやろうとしているのがどれほど責任の重いことなのか、よくわかっていなかった。そんな私も、それから数か月にわたって、ありとあらゆる試練にさらされる。心も、体も、行動も、魂も、すべてが問い直され、鍛えられることになった。

ある宵のこと。星空の下に座っていると、教官の一人が声をかけてきた。「そろそろ、一人で徒歩旅行の引率をやってみる気はないか？　別の教官が一人、同行してくれるから」というのだ。

でも私は、まだ一度も、子どもたちの安全と精神的な幸福に責任を負う立場に立ったことがなかった。

今でも思い出せる。私は恐怖に身震いして、答えた。「確かに、私もずいぶん勉強しました。でもまだ、知らなきゃいけないことが山ほどあるんです。徒歩旅行といえば、いろんな問題が持ち上がるでしょう。それが全部、私の手に負えるものかどうか、わかりませんから」

この教官は、私にとっては、一種の〈師《メンター》〉というべき存在でもあった。〈師〉の返事はこうだった。「人は、『まだまだ学ばなきゃいけないことがたくさんある』と思い知ったら、もう準備ができたしるしなんだよ。自然や参加者との間に関係をうち立てるということは、時間をかけて進めていくものなんだ。一回だけで結果が決まるもんじゃない。いろんなノウハウを持っていればいいってもんじゃない。ノウハウを持ってるかどうかより、どう使うか、いつ使うかがわかることの方が大事なんだ。ときには、こっちは手を出さず、当人たちに任せて試行錯誤させた方がいいことだってある。そんなときは、参加者が苦しんでいても、不満そうにしていても、手を出さずに見守る。そのほうが、君たちは強いんだ、工夫する力もあるはずだ、有能なんだと認めてやることになるんだよ。だから、どんなときに自分の知ってるノウハウを使い、どんなときに手控えるか、それを見きわめられるようにならなくちゃいけないんだ」

息子がＡＤＨＤとわかった父親たちの直面する試練も、これと同じ。アレクサンドル・デュマのことばにもあるとおり、「仕事は終わることもある。だが、学びは終わることはない」。われらが息子たちは、これから、自らのＡＤＨＤをうまく乗りこなしていくすべを身につけていかなくてはならない。その傍らに寄り添い、手を貸すわれわれは、どれほど深く理解し、共感し、どれほど多くの知識を得ようとも、これで十分ということなどあり得ないのだ。

パトリック・J・キルカー

ADHDのある子どもたちを相手に働くようになって、二五年以上になります。その間、たくさんのすばらしい親御さんたちと出会い、畏敬の念に打たれる思いを味わってきました。わが子のためにはどうしてやるのが一番いいのかわからなくて手探りを続けながらも、「自分たちはきっと役に立てるはず」「息子が、娘が、この世界でうまくやっていけるよう、幸せに生きられるよう、手を貸してやれるはず」という希望でいっぱいのお父さんたち、お母さんたち。みんな、自分のことは二の次にしてでも、わが子のために最良の道を選びたいという人々です。

自分もわが子と同じ問題に苦労してきた人もたくさんいました。自分たちが子どものころには、このような障害についての理解が進んでいなかったから、周囲から「頭が悪いのだ」「怠け者なのだ」と誤解されてきた。だからこそ、わが子には、自分と同じ痛み、苦しみ、屈辱を味わわせたくない。そう思ってがんばっているのです。

中には、こちらが思わず感嘆するほどのウィットと智慧を見せてくれるお父さんたちもおられました。こういうお父さんたちを見ていますと、何をやるにも、肝腎なポイントをはずしません。

何を置いても取り組むべきなのが何か、自然に勘でわかるようなのです。そんな人々と何年にもわたって対話を重ねていくうち、私も知ることになりました。彼らは、熱心に答えを探しつづけた人々、そして、過ちを犯したら正直に認める覚悟のある人々だったのです。

そんなすばらしいお父さんたちでさえ、いつも前向きでいられるわけではありません。彼らだってやはり、心配ごとを打ちあけ、胸の内を語る場を与えてもらわなくては、やっていけないのは同じことです。

この本がきっかけになって、お父さんたちが語り合う機会ができたなら、どんなにすばらしいことでしょう。

パトリシア・O・クイン

第1章　えっ？　うちの子がＡＤＨＤ⁉

命とは何だろう？　それは闇にまたたく蛍の光。それは真冬の野牛の息づかい。それは草原を横ぎる影。陽が沈むとともに消えてしまう影。

クロフトの最後のことば

クロフトが死のまぎわに語ったように、何でもない身近な物たちにも、はっとするほどの美が隠れている。なのに人はとかく、その美しさに気づかない。あまりに見慣れているがゆえに、つい見すごしてしまうのだ。

ＡＤＨＤの子どもたちもそうだ。才能もあれば、きらきら輝くものも持っている。天からの贈り物を与えられている。なのに、なかなか気づいてもらえない。

ＡＤＨＤとともに暮らすのは実に強烈な体験だ。家族にＡＤＨＤの子がいれば、本人も、両親も、いや、家族の全員が激しい感情をたっぷり味わうことになる。でも、味わえるのはいやな感情、つらい感情ばかりと決まったわけではない。親のサポート次第で、ＡＤＨＤを味方につけることはできるのだ。

子どもたち一人一人の自尊心を守り、個性を守り、輝きを守るのは親の務めだ。親だけではない。その子を愛し、幸せを願う人々全員の務めだ。ＡＤＨＤをかかえて生きる子どもたちにとっては、周囲からのそんなサポートが、なおさら大切になる。

さて、一口にＡＤＨＤといってもその症状は幅広い。とはいえ、感情や行動の傾向には大きく分けて二つのパターンがある。ここで、二人の父親にそれぞれの子どものＡＤＨＤについて語ってもらうことにしよう。

うちのマーティはＡＤＨＤですが、問題なのは行動より、不注意なんです。同じＡＤＨＤでも、しつけにくくて手に負えないタイプもあるそうですが、マーティは別のタイプです。息子はいま十一歳。スポーツが得意で、友だちにも好かれています。どこか人をひきつける子なんですよ。一番困っているのは、やらなきゃいけないことから意識がそれてしまうことです。成績はいい方なんですが、すぐ飽きる。宿題をするのも、本を読むのも、重労働のような感じがするらしいんです。いやな課題ならわかるけど、自分で読みたくて読む本までですよ。

こっちも、やればできるのにって思うから、ついしつこく言ってしまう。いったん手をつけたことはやりとげなさい、責任とやる気をもって最後まで続けなさいってね。あの子は能力の割に自信がないみたいです。本当なら、もっと自信を持ててもいいはずなのに。

サムは頭はいいんですが、よほどの根気がなくちゃつき合いきれません。ぼくだけじゃない、学校の先生がたも困らせてます。まず、人の話が耳に入ってない。それに、何をやってもそうなんですが、これは自分には無理だ、手も足も出ないやって思うと、プライドを守りたいのか、態度がやたら幼くなってしまう。どう見たって、一〇歳にもなった子のやることじゃありません。

こっちも気がついてみたらカッとなって、ついどなっちゃったり、こき下ろしたり。正直いって、そうでもしなきゃあいつの耳には届かないんですから。ぼくが大爆発した後とか、二人で盛大に口げんかした後なんか、サムは謝りにくるんです。「ごめんね。ぼく、こんな悪い子で……」って。それを聞いたら、胸が締めつけられますよ。子どものくせに、まるで全世界の重荷を背負ったみたいな顔してね。でもあいつにとっては、本当にそれが実感なんでしょう。

わが子がどんな感情を味わうことになるか。自分の感情とどうつき合っていくようになるか。親としては気になるところだろう。だがわかってほしい。父親がじょうずに接してやるなら、その分だけいい方向に持っていくことができる。それは、どんな子どもであっても。

子どもがＡＤＨＤとなると、父親の出番はさらに多くなる。ＡＤＨＤの子は、自分でも自分の感情をもてあましてしまいやすい。態度まで荒れてしまう子もいるだろう。そんなときも、苦しむ息子によりそっていてやる。あ、そろそろあやしいなという兆しが見えたら、助け船を出して、崩れるのを未然に防ぐ。そして日ごろから、希望と勇気を与えるように心がける。自分の短所ではなく、長所を規準に発想する子になれるよう、チャンスを与えてやる……。

そんな役割をうまく果たすためには、なるべく子どもの立場に立って物ごとを見てみるといい。

本人はどんな経験をしているのか、どんな苦労をしているのか、まずは正しく知ることだ。

ＡＤＨＤのある子どもたちは、自分の感情を抑えるにも、世の中とわたり合うにも、ほかの子どもたちがしなくていい苦労をしなくてはならない。よそでも、自分の家でも、ままならない経験の連続だ。ぼくばっかりすぐ叱られる。みんなになじめない。きっとぼくは悪い子なんだ……。そんな思いをいだいている子は多い。

ただでさえ自信がないのに、人からも、ますます自信をなくすようなことを言われる。家族に、学校の先生に、同級生に、さらには行きずりの人にまで。


「どうしてがまんができないんだ？」

「どっかおかしいんじゃないの？」

「あんたったら何でもめちゃくちゃにするんだから」

「いったい何が気に入らないんだ？」

「あんたなんかもううんざり」

「どうしてお兄ちゃんみたいに（妹みたいに）できないの？」

「どうしてセイラみたいに、ジョニーみたいに、クラスのみんなみたいにできないの？」

「そんなにやる気がないんなら、やらなくてよろしい。みんなが終わるまで、後ろのすみっこの椅子に座ってなさい」

「今度やったら、もっときつく叩くぞ」

「ちょっとやる気にさえなれば、みんなと同じになれるのに」
「うちの子はピーター君のこと怖いって言うんですよ。みんなと仲良く遊べないから」

ＡＤＨＤの子どもたちは、こんなことばを毎日浴びている。言われるたびに、「ぼくってダメなんだな」という気がしてしまう。そのうちに、本当に自分はダメなんだと思ってしまう子もいるだろう。でも、ここで親が間に入ってやれば、親が応援してやれば、ダメージを防ぐことは不可能ではない。

子どもは誰でも衝動に流されるもの。自己中心的で、好奇心が旺盛。それが本来の姿だ。子どもは論理では動かない。彼らの行動、思考パターンには、大人の世界のエチケットなど関係ない。子どもの世界を知りたければ、八歳児が集まって遊んでいる光景を観察してみるといい。トレーディングカードを交換する姿。キックベースボールのルールをめぐって口論する姿。さっき「もう、一生絶交だからな！」と言っていたはずなのに、一〇分後には最新のテレビゲームの裏技を教え合っている姿。そう、子どもの世界の「おつき合い」には、大人の世界とは別のルールがあるのだ。

兄弟姉妹とのつき合いも同じ。さっきは冷たかった子が急にやさしくなったり、かと思えばいじわるをしたりする。

ＡＤＨＤのある子も、子どもは子ども。少しでも年齢相応に近づくことを目標にするならともかく、勢い余って、小さな大人にしようとしてはいけない。

あるお父さんの意見をきいてみよう。

親が「悪い子だな」とか「怠け者め」とか言っちゃうときって、子どもの個々の行動を見て言ってるわけですよね。でも、言われる子どもには、「ぼくはもともとダメな人間なんだな」って意味に伝わってしまいます。

この子たちのふるまい方は、あんまり大人に受けがいいとはいかない。でも、そんなときに親が口にすることばの中、親の印象の中では、子どもの姿はマンガみたいにデフォルメされちゃってるんです。鼻につく部分なんて、子どもの人間性の中のごく一部でしかないはずでしょう。なのに、その一部分がとてつもなくふくらんでしまう。子どもの全体像は、本来の姿とはかけ離れたものになってる。

よくコンクリートの壁なんかに、有名人の似顔絵が描いてあったりするでしょう。あの似顔絵と同じですよ。パッと見たときはおもしろい。似てる気もする。でも、じっくり見てみると、描き手の意地の悪さが見えてくる。そもそも、人の顔をデフォルメしてマンガにしようと思ったら、意地悪く見なきゃできませんよね。その人の本質とは関係ない部分をとりたてて、ふくらませるんですから。そうしてでき上がった似顔絵には、描かれた本人とは何の共通点もないんです。

子どものしつけにも、これと同じ落とし穴がある。気になる点にばかり目を奪われすぎると、子どもの自己イメージも、落書きの似顔絵と同じように、意地悪くゆがんでしまう危険がある。薬がうまく効いたり、行動療法やカウンセリングが成功したりした場合、親がつい勘違いをしてしまって、無理な要求をしてしまうことがある。そんな失敗を経験したある父親の証言をきいてみよう。

リッキーがはじめて薬を飲みはじめたとき、ぼくは目を疑いました。それほどすごい変化だったんです。それまでのリッキーは、不機嫌で、落ちつきがない子でした。何をしても続かなくて、文句ばかり言ってる子だった。それが、薬を飲むとおっとりしてるし、やることにもまとまりがある。人と協力しようっていう意欲も見えるんですよ。

ところが、薬を飲ませるようになってしばらくたったころ、ぼくは家内に注意されてしまいました。あなたこのごろ、リッキーにつらく当たりすぎよ。無理をさせすぎよ、って。家内の意見じゃ、ぼくは薬を飲ませる前の方がやさしかったって言うんです。あとになってわかったことですが、ぼくは、薬さえ飲ませれば、息子の困った行動が全部消えてなくなるはずだって思ったんですね。だから、少しでも無作法なこと、いけないことが目についたら、それっとばかりに責めたててたんでしょう。

そんなある日、友だちとしゃべってたら、そいつの子どもの話になりましてね。そいつにも男の子がいるんですが、その日の朝、何だか腹の立つことがあったらしくて、ホッパーで父親の車をひっぱたいたって言うんです。最初は信じられませんでした。こんなのまるで、かんしゃくを起こしたときのリッキーにそっくりじゃないですか。でもその子は、ＡＤＨＤでも何でもない。普通の子なんです。普通の子でも、怒りに押し流されてカッとなったら、手が出ちゃうことはあるんですよね。

　変に思われるでしょうけど、この話は大いに教訓になりました。リッキーは人間の子どもなんだ。ぼくはあいつを、一人の子どもとしてすごさせてやらなきゃいけないんです。完璧なロボットにしようとしちゃいけない。まちがったことなど何一つしない、感情も表に出さない、失敗したらお仕置きされるからといってリスクも冒さない、そんな子にしちゃいけないんです。


　この父親は自分の勘違いに気づき、リッキー君のために、心のクッションになってやることができた。みなさんにも同じことができる。子どもが有能感を味わい、精神的にも安定するためには、日常の中でささやかな成功体験をたっぷり積む必要がある。父親がクッションを提供してやることで、そのお膳立てができるのだ。

　この役目をじょうずに果たそうと思ったら、父親には、ちょっとした発想の転換が必要になる。何に注目し、何を無視すればいいかを覚えておかなくてはならない。

　まず、親が「情けない」と感じているなら、子どもも親とほぼ同レベルの情けなさを味わっていると思っておこう。そうなると、子どもはまるで麻痺したように、いつもはできることもできなくなる。夜道で車の前に飛び出してきた野生動物が、ヘッドライトのまぶしさにすくんでしまって、逃げられなくなるのと同じだ。本心では、父親に好かれたい。協力したい。なのに、感情がたかぶって、今はそれどころではない。たかぶった感情をしずめようにも、自分ではやりかたがわからない……。そんなときに、「意地を張るのもいいかげんにしろ」「お前にはがっかりだ」と言われては、痛みはますます深く食い込み、ヘッドライトはまぶしさを増すばかり。

子どもが感情的になっている。攻撃的になっている。そんなとき、どう接すれば子どものためになるのだろう？　そんなときに使える作戦を表1にまとめてある。興奮している子どもを前にしては、親もなかなか平静ではいられないものだが、こうしたコツを知っておけば、親子ともに感情の波をうまく乗りきるのに役立つだろう。

表1　乱暴なふるまい、感情的なふるまいをふやさないためには

●親は冷静な態度を崩さない。

●どんな行動をよしとするかについては、その場になってから急に言い渡すことがないように、前もって決め、話し合っておく。どうふるまうべきか？　わが家のルールは？　今から行く場所では、どんな事態が予測されるだろう？　何か問題があったとき、うちの子の力量なら、どの程度の対応ができるだろう？　立派にふるまえた場合、ごほうびは与え

るか与えないか？　与えるなら、どんなごほうびにしようか？　何でも早め早めに準備しておくこと。

●子どもがよくない行動をした場合は、クリアでわかりやすい罰を与えること。罰は常に一定不変、首尾一貫させること。

●やりとりのペースを落とし、雰囲気を緊迫させないよう、こちらの出かたをコントロールしよう。あくまでもくつろいだ態度を保ち、子どもをおびやかさないように心がける。視線をはずさない、声を一段低くしてみる、（触ってもだいじょうぶそうな場合のみ）やさしく腕に触れる、「あわてているんだね」「腹が立っちゃうんだね」と子どもの状態をことばで表現し、フィードバックしてやる、もっといい解決法を一緒に工夫しようと誘ってみるなどの方法がある。

●一つの視点にこり固まらない。親の発想が柔軟だと、状況がエスカレートしにくい。もっといい行動をするにはどうしたらいいか、本人にも考えさせ、意見を聞こう。

●好ましい行動が少しでも見られたら（たとえば、何も言われないのに自分から上着をハンガーにかけたら）、機会をのがさずほめる。

ＡＤＨＤの子どもたちの場合、好ましくない行動を減らすには、その行動を意識的に無視するというテクニックが最も抵抗にあいにくい。無視なんかしたら、やってもいいんだと思われてしまわないかと心配する人もいるだろう。でも、ここで思い出してほしい。この子たちはなにも、わざと逆らおうとしているのではない。問題のほとんどは、従おうと思っても従えないために起きているのだ。

それに対し、好ましい行動は、子どもが自分の意志でやっていることだ。つまり、いい行動に注目してほめれば、子どもが自分で変えられる行動を奨励することになる。親が認めてやればやるほど、その行動は強く定着するし、回数も増えるだろう。

困った行動も同じ。親が悪い所しか見てくれないと、子どもは、自分は悪い子なのかと思うようになり、本当に悪い子らしくふるまうようになってしまう。

ある父親は次のように語る。


息子が薬を飲むようになって初めて気がついたんですが、あいつのＡＤＨＤは、ぼくにとっても、家族の全員にとっても、ひどいストレスになってたんですね。それまではいつだって争いが絶えたことがないし、しょっちゅうどなり合ってたのに、それがまたたく間におさまっていったんです。まるで、それまでひどい牢屋に閉じ込められてたのが、仮釈放になったみたいな気分でした。それから、時間はかかりましたが、ぼくが息子を見る目も少しずつ変わっていったし、接しかたも変わりました。

息子だって、今でもときどき、調子の悪い日はあります。でも、それはそれ。ただ「今日は調子が悪いな」ですむ。それが一生続くわけじゃないんですから！

薬の力だけじゃありません。みんなでがんばって、お互いにていねいに接する練習をしてるんです。これが両方そろったおかげで、わが家はピンチを乗り越え、助かることができました。

ぼくの場合、細かいことでいちいちカッとなる癖をずいぶん直さなくちゃいけませんでした。大したことじゃないのにどなったり、子どもを傷つけることを口にしたりしないようにね。

たとえば、こっちは真剣に注意してるのに、息子がふざけた顔をして見せることがあります。ほら、子どもどうし、よくやっているようなやつですよ。あれをやられると、以前のぼくなら、前後の見さかいなく腹を立ててたもんです。でも今はちがう。あいつがそうやってふざけること自体も減りましたが、たまにやられても、感情的になったりしません。ただ、そういうことは許さないよと静かに指摘して、それでおしまい。一年前じゃとても考えられないことでした。

ぼくが変わると、それだけ息子も変わるんです。驚くほどですよ。親の出かた次第で、すごい変わりようでした。

いい行動にはたっぷり関心を注ごう。困った行動は無視するか、騒がずに淡々と処理しよう。そうすることで、子どもが自分自身を見る目が大きく変わる。世界に対する見かたも変わる。

衝動ゆえの問題行動をあえて無視。このテクニックを身につけるには、ちょっとした自己トレーニングが必要になる。まずは、息子の行動のうち、どれが本人にコントロールできる行動で、どれがコントロールできないものなのかを知らなくてはならない。

良い行動が見られるたびに強化していれば、いつかその行動が身につく。子どもは「できる子」になったわけだ。するとだんだん、子ども自身が自分のことを、「できる子」として見るようになっていく。

親がうるさく目くじらを立てるのをやめると、パラドックスが起きる。問題行動の回数が減り、激しさもやわらぎ、持続時間も短くなる。目くじらを立てるなというのは、よくない行動を受け入れろという意味ではない。ありのままの息子を受け入れ、その子の力でできること・できないことを知って、無理を言うなと言っているのだ。ADHDは言い訳ではないし、言い訳に使わせてもいけない。ADHDだからといって、八つ当たりや礼儀知らずは許されない。でも、自分の行動の責任を本人に負わせることと、愛を注ぎ、応援してやることとは両立できる。その方法については、のちの章で紹介していく。

ADHDの症状をコントロールできるかどうかは、いくつもの要素の兼ね合いで決まる。本人の身体や情緒がどのくらい成熟しているか、しつけや治療の計画がじょうずにできているか、親子関係は安定していて健全か。どれも密接にかかわってくる。

親としては、わが家のルールをはっきり決め、教えなくてはならない。わが家では何が許され、何が許されないか、基準は動かさない。工夫しなくてはならないのは、ルールの内容ではなく、運用の方だ。運用のやりかた次第で、子どもも、父親も、そして家族全体も、ストレスのレベルが大きくちがってくるのだから。

ADHDって何?

では、そもそもADHDとは何なのだろう? どうしてあなたのお子さんはそんな行動をするのだろう?

これが腕の骨折とか糖尿病とかなら、レントゲンや血液検査で原因がすぐわかる。でもADHDではそうはいかない。ADHDについては、何十年も前からかなりの研究が行なわれているが、まだ生物学的原因が一つに絞られたわけではない。とはいえ、MRIやPETスキャンといった新技術の進歩により、ADHDの人々の脳は、神経学的にいっても、化学的にいっても、働きかたに独特の特徴があることはわかっている。

ADHDの脳では、ある部分が本来の働きをしていない。この部分が担当している仕事は、行動にブレーキをかけること、ルールを学び、採用すること、先のことを計画すること、解決法を工夫すること。行動にブレーキをかけることができないと、ADHDにありがちな困った行動につながりやすい。

ところが、脳内の化学物質の働きは実に微妙なものだ。だから、症状の現れかたは日によって波がある。いや、日どころか、分単位で変わっていくと言っていい。これでは、行動も感情も、なかなか予測がつかない。見ている親にもわからないだろうが、実は本人だってわかっていないのだ。

何をやっても日によってできばえが変わる。できる子なのかできない子なのかわからない。これでは、親も本人も混乱してしまうのも無理はない。期待はずれでがっかりする経験も多くなる。親にしてみたら、前によくできたときの記憶があるだけに、次もできると思ってしまう。ところが実際はちがう。ＡＤＨＤとは実に予測のつかないシロモノなのだから。

わが子の行動が手に負えないときこそ、親は肝に銘じること。このふるまいは、脳の機能のせいなのだ。糖尿病の子どもに、意志の力で血糖値を下げろと言えるだろうか？　折れた骨をくっつけろと言えるだろうか？　脳も同じ。意志力だけで脳の機能を変えるなんて無理にきまっている。それを忘れないこと。

ＡＤＨＤになる原因はいくつもあるが、大部分のケースは、持って生まれた遺伝子によって決まると考えられている。双子の片方がＡＤＨＤである場合、もう一人もＡＤＨＤである比率は、一卵性双生児の方が二卵性双生児よりもはるかに高いことがわかっているし、ＡＤＨＤの子どもと血縁関係のある親類には、ＡＤＨＤでない子の親類よりもＡＤＨＤの人が多いこともわかっている。

だから、父も息子もＡＤＨＤという親子はよく目にする。また、重度・軽度の差はあれ、きょうだいの複数がＡＤＨＤという家庭もある。

ＡＤＨＤかどうかは、どこでわかる？

ＡＤＨＤについては、かなりいろいろなことがわかってきた。関係しているらしい脳の部位もいくつか見つかっている。それでも、実際に診断を下すとなると、まだまだ生育史や行動特性、性格特性が頼りだ。専門家は、両親の話、本人の話、学校の関係者の話をじっくり聞いて、それを材料に診断を下すことになる。

ときには、詳しい神経心理学的テストも行なわれる場合がある。診断をさらに確実なものにしたいときか、何らかのLDが合併していないかどうか調べたいときである。

ADHD以外の障害や疾患にも、うつ病、行為障害、反抗挑戦性障害など、症状のまぎらわしいものはいくつもある。だから、診断するときは、それらの可能性を除外していくことになる。

現在ではまだ、血液検査などでADHDかどうかを確認する方法は見つかっていない。脳のスキャンは研究には使われているが、今のところ、診断に応用されるほどにはなっていない。

行動パターンを根拠に診断するとなると、何か標準化された基準が必要になる。そこで、アメリカ精神医学会では、診断名一つ一つについて、診断の基準とマニュアルを作り、刊行している。それが「精神疾患の診断・統計マニュアル」(The Diagnostic and Statistical Manual of Mental Disorders)で、略してDSMとよばれている。最新版の第四版は一九九四年に刊行されている。

この第四版によれば、ADHDと診断するためには、「不注意」か「多動性/衝動性」(あるいは両方)の症状が「六か月以上続いている」「七歳以前に始まっている」「たとえば学校と家庭など、少なくとも二か所以上で見られる」という条件を満たしていなくてはならない。あなたのお子さんがADHDなら、表2にあげたような症状のいくつかにお気づきかもしれない。

表2　子どものADHDにみられる症状

●注意を払うのが苦手。
●「うっかりミス」が多い。
●人の話を聞いていないように見える。
●指示に従って行動するのがへた。
●勉強、宿題など、長時間頭を使わなくてはならない作業をいやがる。
●日常の用事をやり忘れる。
●仕事をしたり、遊んだりするのに、手順を考えて計画的に行なうのがへた。
●おもちゃや本、服、道具などをよくなくす。
●日々の活動の中でも、物忘れが多い。
●答えを思いつくといきなり口に出したり、人が話している最中でも口をはさんだりしてしまう。
●会話やゲームで順番を待つのが苦手。
●いすの上でもじもじ、そわそわしている。

要するに、ＡＤＨＤの子どもには、ブレーキがついていないのだ。だから、思いついたら止まれず、即、行動してしまう。動く前にまず考えることが難しい。そうなると、過去の失敗からなかなか学べないことにもなりやすい。

誤解しないで！

前にも述べたとおり、ＡＤＨＤには神経学的な根拠がある。親の育てかたが悪かったからといってＡＤＨＤになることはないし、しつけ不足でＡＤＨＤになるのでもない。ＡＤＨＤがあると、衝動を抑える能力、目の前の作業にすぐ必要な情報だけに意識を向ける能力、安定して集中を保つ能力、活動レベルを自在に調節する能力などにハンディを負っているから、そう見えるのだ。

また、ＡＤＨＤは行為障害や反抗挑戦性障害など、重篤な行動上の問題とも別ものだ。ただし、何の手当てもしないで青年期・成人前期まで放っておくと、こういった行動上の問題につながっていくこともある。子どもをとりまく人々が情緒面でも心理面でも非協力的で、長年にわたって冷たいことばを浴びせられ、何をやっても「できそうな気がするのにできない」「もう少しのことでできない」経験の連続で、胸の痛みをためこんで成長する……。これでは、反抗的になり、世の中を恨み、ひねくれてしまうことにもなりかねない。

では、ＡＤＨＤをこじらせず、問題を大きくしないためには、どんな手が打てるのだろうか？表3にヒントをいくつかまとめてある。

表3　ADHDをこじらせないためにまわりができること

●子どもにむかって、無神経な言動は厳禁。軽蔑しない。拒否しない。虐待しない。

●人格を否定するような言いかたをくり返さない。たとえば、「本当に何をやらせてもダメなんだな。これじゃあ誰にも遊んでもらえないのも無理ないよ」などという口癖は直すこと。

●体罰は避ける。ことばで罵るのもやめる。

●子どもがどんなことをしているか、何を好み、楽しんでいるか、日ごろから目を配る。両親はぼくのことなんか興味がないんだ、応援してくれないんだという思いは、反社会的行動の芽を育てることになりやすい。

●親自身が何か問題にぶつかったときや、誰かと衝突したとき、息子に見られていることを忘れない。たとえば、薬やアルコールに頼りすぎる、しょっちゅう声を荒げてばかりいる、ちょっとしたことですぐキレる、自分の殻に閉じこもる、家族に暴力をふるうなど、子どもに見習われて困るような癖は改めること。

これだけは声を大にして言っておきたい。その子にぴったりの援助テクニックを選べば、そして、精神的にも味方になってやれば、お子さんは、ＡＤＨＤのない子と同じくらいうまくやっていける。いや、ときにはほかの子をしのぐことだってある。

ところで、ＡＤＨＤの子どもたちの行動パターンは、ときとして、行為障害や反抗挑戦性障害の行動とまぎらわしく見えることがある。次のお父さんの証言を聞いてみよう。

ポールが薬を飲んでないときに、たまたま気分が荒れてたりすると大変です。ぼくの言うことが少しでも気に障ると——とはいっても、こういうときって何を言っても気に障るみたいですけど——すぐに「うるさい」とか「あっち行け」とか言ってしまう。

ぼくも最初は納得いかなかったんですけど、これは衝動を抑えられないからなんですね。とにかく口から出ちゃう。止めたくても本当に止められないんですよ。

薬を飲んでいるときは、そんなことはめったにありません。それに、ぼくも今じゃ対応のしかたを覚えましたからね。こっちがうまくやれば、息子も腹立たしい気分を長く引きずらなくてすむんです。

ぼくにはわかります。あいつも本心では、もっとちがう返事をしたいんです。なのに衝動がこみあげてきて、そのまま口走ってしまう。でも、こっちが接しかたを変えてからは、そんなパターンは少なくなりました。

行動だけ見れば、ポール君は反抗挑戦性障害とまぎらわしい。でも、彼が反抗するのはわざとではないのだから、反抗挑戦性障害にはあてはまらない。

もちろん、どんな子どもだって、たまにはこんな態度をとることはある。がまんがきかず、かんしゃくを起こす。くやしくていじわるをする。他人に罪をなすりつける。どれも、ときどきなら普通のことだ。反抗挑戦性障害の子どもたちの場合、こういった行動の頻度が特に高く、年齢とつりあっていない。

ＡＤＨＤの子どもたちも、ＡＤＨＤでも反抗挑戦性障害でもない子どもに比べれば、やはりこの種の行動は多い傾向がある。何の目配りもせずに放置していれば、最初はただの衝動で始まった反抗が、いつか性格として固定されてしまう危険はある。

行為障害は、長期にわたって心理的・身体的・性的虐待を受けていた子や、親や養育者が虐待される姿を目撃しつづけてきた子にもみられることがある。両親の一方がもう一人に殴られている、口を開けば会話の代わりにどなり合っている、悪口しか言わない……。そんな大人の姿ばかり見ていると、「気に入らないことがあればこうすればいいんだな」と思い、子どもも見習ってしまう。

また、どちらかの親がアルコールに依存している家庭の子にも行為障害がみられることがある。濫用者のいる家庭で育ち、大人の世話が行き届かないと、行動に重篤な異常をきたす危険がある。

ＡＤＨＤのある子どもたちも、条件によっては行動の問題に発展することがある。周囲の援助が不十分だったり、その子のニーズに気をつけてもらえなかった場合だ。

では、反抗挑戦性障害や行為障害とADHDはどうちがうのだろう？　ADHDの子どもも親に逆らうし、自分や周囲の和をかき乱すが、彼らはわざとやっているのではない。態度が悪かったり、責任を果たせなかったりするのは、たいていは力不足のせいだ（その瞬間には、ほかにどうすることもできなかった）。でも、そんな彼らも、だんだんわざと逆らう癖がついていくことがある。家族や周囲が「この子はわざと逆らっているんだ」と思い、そのつもりで接していると、子どもも「何をしたってどうせわざとだと思われるんだな」とあきらめてしまい、本当にそのとおりにふるまうようになっていくのである。

父親にできること

父親であるみなさんには大事な役目がある。お子さんはこれから、知的な面でも、情緒の面でも、行動面でも成長を続けていくだろう。そんな彼の進む道を照らすランプの役目をするのが、父親の応援、受容、信念なのだ。父親の援助と介入、本人の成功体験、そして時間。この三つが合わされば、ADHDはだんだんコントロールしやすくなっていく。

あるお父さんは、そんな体験を次のように語っている。

家内やぼくが、クイントに対応するためのテクニックを覚えて何年もたつんですが、このごろじゃ、クイントまでがぼくらのやりかたをまねするようになったんですよ。腹が立ってきて、だんだんいらいらしてきたなって気がついたら、自分でその場を離れて、頭を冷やしに行くんです。一人になって落ちつきをとり戻して、いったい何がどうなっていたのか、自分のやりかたのどこがまずかったのか、じっくり考えてるようです。夫婦で長年がんばってきたのが、ようやく実りはじめたんですね。息子と向き合い、手本を見せ、ずっと応援してきた甲斐がありましたよ。

クイントが診断されたのは四つのときです。そのころのクイントは、乱暴で、すぐ興奮する子で、なかなか言うことを聞きませんでした。八つになった今は、まだ調子を崩すことはあるけど、前とはくらべものになりませんよ。ぼくの目から見ても、陽気で自信のある子だと思います。

この子は小さいころ、とにかく手がつけられなかったものですから、こっちもすぐ腹が立って、叱ってばかりいました。でも今じゃコツも学んだ。ほかの子の親御さんとも話をしてる。専門家も助けてくれる。だから、この子はもうだいじょうぶです。これからもきっとうまくやっていきますよ。ＡＤＨＤともっとうまくつき合うにはどうしたらいいか、クイントは毎日学んでいるんですから。

すばらしい話ではないか？　どんなにつき合いにくかった子も、両親が十分な秩序を与え、たえず励ましつづけるなら、望みはあることがわかるだろう。子どもの感情や行動の浮き沈みにいちいち巻きこまれていたのでは、わが子のために安全な環境を準備してやれない。これでは、行く手を明るく照らしてやることができなくなってしまうだろう。

では、悪いことは悪いと教えつつ、しかも安全で理解ある環境を整えてやるには、父親は何をすればいいのだろうか？　表の4にヒントをまとめてみた。

表4　ルールを教え、家を楽しい場所にするには

●「わが家の価値観」をはっきりさせ、ことあるごとに話題にしよう。たとえば、「ゴミを散らかすのは悪いこと」「タバコは体に悪い」など。

●メンバーそれぞれの義務（ほかのメンバーに対して、家族全体に対して）をよく話し合っておく。各メンバーは何を守らなくてはならないか、スムーズな家庭運営のためには何が必要か、はっきりわかるようにしておく。

●「わが家の禁止事項」をはっきりさせ、話し合っておく。「きょうだいをいじめてはいけない」「うそをつかない」「ずるをしない」など。

●禁じられている行動一つ一つについて、罰をはっきりと決め、迷わずにわかるようにしておく。よい行動についても同じ。ごほうびははっきりと決め、すぐわかるようにしておく。

●トラブルを未然に防ぐには、「首尾一貫」「決めたことは動かさない」が基本。口に出すのは、本心だけ。本心で言ったことなら、かならず実行する。望ましい行動をさせたかったら、常に「この子は、何をごほうびにしたら一番やる気がでるのかな?」と考えること。親が怒りをあらわにしたり、理性を失ったりしたのでは、子どもはなおさら不安になり、混乱が増すだけだ。

第2章　「キレる子」のために親ができること

人生は楽じゃない。

——M・スコット・ペック『The Road Less Traveled』

人生、つらいときもあれば楽しいときもある。至福の瞬間があり、努力が実る日があり、ゴールに手の届くときがある。かと思えば、苦しい試練のときもある。こんなの無理だ、もううんざりだと思えるときもあるだろう。

でも、つらいのに平気なふりをしたり、いやなことを避けて回ったりすることはおすすめできない。こういった試練のときこそ、自分という人間について学ぶチャンスなのだから。

子育ても同じ。とにかく楽じゃない！　親ならだれしも、わが子のことが心配でたまらない。ちゃんと道を踏みはずさずに大きくなってくれるだろうか？　こいつもぼくと同じ失敗をくり返すんだろうか？　先生ににらまれたらどうしよう？　いじめにあったらどうしよう？　ぼくらはこいつの素質を十分に伸ばしてやれるんだろうか？　この子は将来、日々の困難に耐えていけるだろうか？　心配の種は尽きることがない。ある父親の話をきいてみよう。

ぼくと息子がうまくいかない理由はいろいろあります。一つは、あいつがいけないことをしてるときの、ぼくの態度ですね。いや、いけないことっていっても、ぼくの勝手な基準なんですよ。練習中なのにだらだらしてるとか、単語のつづりをたった五つ覚えるのに三〇分もかかってるとか。でも、そんなのが目に入ったとたん、ぼくはふっと別人みたいになっちゃう。それこそ、冷たいあら探し屋になってしまうんです。なまじ、本当は実力があるのにって知ってるものですから、奮起させたくて、つい笑い物にしたりしてしまう。

　でもわかりました。あいつにはそれじゃ逆効果なんです。本気でしょげ返って、ぼくに裏切られたって思いこんじゃう。あいつにしてみたら、一番励ましてほしいときにかぎって、踏みつけにされたような気になっているんですよね。

　皮肉なもんです、まったく。これだけは避けようと思ってるはずなのに。すっかり自信をなくした息子の姿なんて死んでも見たくない。なのにぼくのやりかたじゃ、まさにそのとおりのことが起きてしまう。

　気がついたことはもう一つあります。ぼくはとにかく、こいつは将来どうなっちゃうんだろうって怖くてしょうがない。でも、ぼくが気持ちを切り替えたら、息子の態度も目に見えて変わるんです。先の心配はちょっと置いとくんだ。とりあえず、いま目の前にいるこいつに手を貸すんだ――。そう考えることができると、息子も何というか、前向きな感じになるんですよ。

みなさんもご承知のとおり、子育ては科学のように規則正しくはいかない。昨日うまくいったやりかたが、今日は逆効果になることだってある。

例をあげよう。子どもが「金曜日の午前中に書きとりのテストがあるんだ」といって机にむかっている。そこで、「ようし、じゃああと一〇分だけがんばろう。一〇分たったら、模擬テストだぞ。テストがすんだら、遊びに行ってこい」と言ったとしよう。子どもも納得して、必死で一〇分間もちこたえ、模擬テストをやって遊びに行った。ところが翌日、同じことを、同じ口調で言ったのに、子どもの顔が険しくなる。ぐずぐずと文句を言う。「あと一〇分もぉ？　今すぐ遊ぶ！　勉強はあとで絶対やるから。どうしてパパはいっつもいじわるばっかりするの？　こんなのって最低だよ！」

いったい何が変わったのだろう？　もちろん、親の声も、言った内容も同じ。変わったのは、子どもの機嫌だ。同じことを言われても、聞く側の機嫌がちがえば、ちがった解釈をされてしまう。だから会話の流れも、予想どおりにいかなかったのだ。

父親の言ったことは、むちゃでも何でもない。ごくありきたりの要求だった。なのに息子の態度ときたら、何が何でも逆らってやるぞと「心に決めた」のかと思いたくもなる。

だが真相はちがう。子どもは自分で「心に決めて」感情を選んでいるわけじゃない。本当はただ、「感情の波にさらわれて、理性の岸から押し流されてしまう」にすぎない。ところが、親の方もうっかりすると、一緒になって波にさらわれてしまいかねない。思わずカッとなる。声を荒げる。脅しに出る。「今日は一日じゅう、外で遊ぶのは許さん！」そのくせ、一時間半もたてば怒りがおさまっていたものだから、遊びに行かせてしまう——。

こんな事態は、知識があれば避けることが可能だ。表5に示した方針リストを見てほしい。知っておけば、子どもがひどく感情的になっても、巻きこまれずにすむだろう。ADHDの息子を育てていれば、激しい浮き沈みがつきものだ。この浮き沈みはよくジェットコースターにたとえられる。

うちのレニーは強烈に人をひきつける子です。とにかく何にしても「濃い」。実におもしろいやつです。だから、親子仲よくいってるときは、まるでジェットコースターがてっぺんに来たみたいです。もう最高って気分ですよ。

でもぼくは心のどこかで、「ああ、こんなの長くは続かないんだよな」って知っている。「落ちるときはあっという間だよな」って思ってる。恍惚感。恐怖。緊張。「何か違う」っていう座りの悪さ。全部同居してる。おかげでだんだん、せっかくうまくいってるときも、手放しでは喜ばない癖がついてきた。不安も強くなったし、気が短くなってきた。息子に対しても、要求が厳しくなってしまったみたいです。

無理もないことだけど、ぼくがそうやって不安になると、息子もつられて不安になっちゃう。とはいっても、ぼくのせいで息子まで転落しちゃうとか、緊張しちゃうとか、そこまでは思いません。ぼくはおおもとの原因じゃない。でも、影響はしてる。火に油を注いじゃったりね。

もう一つ気がついたんですが、そうやって不機嫌のどん底に落ちてしまっても、こっちが理性をなくさず、支えてやるようにすれば、息子のかんしゃくもその方が軽くすむし、短くおさまるんです。救いの手を差しのべる方が、むりやり従わせようとするより、こっちも結局は得になるんですよ。

表5　子どもが感情的になっているとき、エスカレートさせないためには

●ＡＤＨＤのある子には、感情をことばで説明するのがへたな子が多い。感情が激しくなればなおさらだ。説明どころか、しまっておくことさえ難しくなる。だから、困った形であふれ出してしまう。あるいは、理由はささいなことなのに、本人の感情は不釣り合いに激しいこともある。

　そんなとき、父親が手を貸して、バランスをとり戻させてやることができる。子どもの感情を、代わりにことばで表現して、フィードバックしてやるのだ。たとえば、「今のおまえは『ダメ』って言われるのがよっぽどつらいみたいだねえ」とだけ言って、感情の強烈さについてはあえて無視する。相手がカッカしているときは、こちらの声は静かに、態度も控えめに。

●子どもと話し合うタイミングは、こちらが話したいときよりも、向こうのペースを優先する。子どもが何か言いたそうに近寄ってきたら、自分の気分はどうあれ、聞いてやるこ

と。ＡＤＨＤの子どもたちの場合、その場では思わず爆発したり、逆らったりするが、すぐに「しまった」と気づいて、あわてて釈明しにくることが珍しくない。たとえ親はまだ怒りがおさまっていなくても、そこはがまんして話を聞く。そうすることで、子どもには「ぼくも本当はいい子にしていたいのを、父さんは信じてくれてるんだ」というメッセージが伝わるのだ。

●子どものふるまいに腹が立ったら、正直に認め、ことばで表現してしまえばいい。「お前のそのやりかたは不愉快だ」「そういうふるまいは許すわけにいかない」「やめないならタイムアウトだぞ」とはっきり伝えてしまうのだ。こうすることで、親の側は爆発を避けられる。子どもにとっても、何をどこまでやれば許されないのかをはっきり示してもらえることになり、理解が楽になる。

●罰を与える前には、できるかぎりこまめに警告を与えること。そうすれば、子どもにも「父さんのがまんももうじき限界だな」とはっきりわかる。それに、カッとならないよう自分なりに工夫している父の姿を目にすることもできる。

子どもを育てる——その責任の重さは、ほかの何ごとともくらべものにならない。

わが子はとかく、自分の延長のように思えるものだ。その上、子どもはみんな、可能性のかたまりでもある。そうか、世の中にはこんなにいろんなチャンスがあるんだ。こんなに大きなことだってできるかもしれないんだ。子どもを見ていると、そう思わずにはいられない。もしかしたら、この子はぼくの予想なんか越えて、大きく羽ばたくかもしれないじゃないか。ぼくの知らなかった分野で才能を発揮するかもしれないじゃないか……。

こうしてわれわれは、わが子にとてつもない責任を負わせてしまう。成功しなさい。賢い決断を下しなさい。健全な価値観を打ち立てなさい。市民として恥ずかしくない人物になりなさい……。

それればかりではない。自分の失敗したこと、自分が挑戦できなかったことを子どもにやらせたい。代わりに成功してほしい。そう思ってせっせと立派なレールを敷く親もいる。このとおりに進みさえすれば、この子は成功できるはずだ。ということはつまり、ぼくも成功できるってことだ！　そんな親は、自分の古傷を子どもに癒してもらおうとしているのだ。

だが現実はそうはいかない。子どもたちは、ぼくらが戦ってきたのと同じ戦いを一からやり直すしかない。ぼくらが味わったのと同じ失望を、自分でも味わうしかない。世の中のことを知るにも、ぼくらが学んできたのと全く同じやりかたで、一から自分で学び直すしかない。

でも、ただ一つだけちがう点がある。あなたの子どもは、たった一人で世界に立ち向かわなくてもいい。あなたという道案内がついているのだから。

息子を育てる中で、父親の古傷が癒されることもあるし、癒されないこともある。これればかりはわからない。でも、確実にわかっていることはある。息子に見られていると思えば、父たる者、いやでも正直に生きることを迫られる。お手本として、人を許す姿を見せなくてはならない。思いやりを示さなくてはならない。そして何より、一人の人間として、人間らしく生きざるを得ない。

親として、自分が子どものときに手にできなかったものをわが子に与えることはできる。それなりの人生経験を積んだみなさんならすでにお気づきだろう。衣食の必要を満たしてやることにくらべれば、子どもの心を満たしてやる方がずっと難しい。とりわけ男親が子どもに十分な心の栄養を与えようと思ったら、「男らしさ」とか「社会の期待する役割」とかいったステレオタイプへのプレッシャーと戦わなければならない。それなのに、息子がＡＤＨＤとなると、並みの子ども以上に心の栄養を与えなくてはならないのだ。父親の役割はますます重くなる。

帆船を操る船長のごとく

自分のことなのに、どういうわけか自分の思いどおりにならない。そんなもどかしい思いをするのは誰だっていやだろう。まして幼い子どもならなおさらだ。頭も心もまだまだ発達途上。自分をなぐさめ、気をとり直すテクニックも未完成。物ごとの全体像を見渡すこともできないのだから。

そんな子どもたちにとっては、あなたがた親が頼りだ。「ぼくだって値打ちのある人間なんだ」という感覚は、両親から学んで身につけていくしかないのだから。

親の役割は、帆船の船長の仕事に似ている。船長は、大自然の力に逆らって自分の意思を押し通したりはしない。波や風の力を尊重し、よく見きわめて、たくみに利用する。風の向きに合わせて帆を張り、自分の行きたい方角へ船を進める。

息子を導くのも同じ。少年の体内を吹き荒れる自然の力があまりに激しいときは、親の意向や願望はひとまず引っ込めるしかない。とにかく安全第一。まずは船を守ることが先決だ。海の上なら、大自然の警告を無視してごり押しすれば、船が壊れてしまうだろう。

船長は自然の力を観察しながら出かたを決める。同じように、息子の状態をよく見よう。息子の行動を、態度をよく観察すること。そうすれば、こちらはどう帆を張るのが一番得策か、見えてくるはずだ。子どもの感情も天気と同じ。天気も見ずに、親の思いどおりに動くよう求めたり、その子にはがまんできるはずのない状況なのに、かまわず抑えつけたりしては、せっかくのヒントを見のがすことになる。ヒントはしっかり見よう。もれなく利用しよう。いがみ合いを未然に避ければ、あとで悔やまずにすむ。

子どもの自然の波に合わせる。それは、「わがままを何でも聞いてやる」こととは違う。「していいことと悪いことを教えない」というのでもない。これはテクニックの一つなのだ。子どもが自分のできなさにいら立っていたら、感情の波に翻弄されていたら、親はあえて落ちつきはらった態度で接する。救いの手を差しのべる。そうすることで、傾いた船を立て直すことができる。子どもを励まし、安心させることもできる。「ぼくはこの家族の一員なんだ」という意識を育ててやることもできる。

わが子が感情の波に押し流されているときは、「理性の声」を代弁してやる。子どもの気持ちをしずめ、落ちつきをとり戻すのを手伝ってやる。もちろん生易しい仕事ではない。とりわけ、子どもに挑発されて、こっちもキレる寸前なんてときには至難の業だろう。

ここで、あるお父さん、トニーの体験談を紹介しよう。トニーも、以前は子どもが「まともになってくれる」ことを望むばかりだった。だが、のちに、わが子のニーズを尊重することを覚え、ニーズを見きわめながら出かたを選べるようになった。その結果、父子の関係まで大きく変わったという。


ぼくはイタリア系なんですが、ぼくの育ったうちは、特にその影響が濃かったですね。おやじにあれをやれと言われたら、すぐやらなきゃいけない。さもないと「責任ってもんを教えてやる」とか言って、何度も殴られることになる。おやじはちょっとでも逆らわれたらがまんのきかない人でね。自分の意見を言うなんて許してもらえませんでしたよ。

おやじは一家の王様で、晩飯どきが謁見の時間でした。おやじは好き勝手に与太話をしたり、人生は不公平だってわめきちらしたり。ぼくらもみんな、おやじのペースについていけなきゃダメなんです。おやじにいきなり指名されて話をしろって言われたら、すぐさましゃべれなきゃいけない。それに、おやじが満足するまで、やめることは許されない。だれもがおやじを恐れてたし、崇拝してた。

おやじが死んだとき、ぼくはまだ十一でした。だからぼくは、おやじを等身大の人間として見たことが一度もないんですよ。人間離れした、どでかい印象のまま残っちゃってる。おふくろは再婚しなかったんで、ほかの父親がどんなふうに家族と接してるのか、息子とどうつき合ってるのか、しっかり見たこともない。

でも、おやじがいじわるな男だったみたいに思わないでくださいね。おやじはただ、わが家の決まりはこうだってのを、はっきりさせておきたいタイプだっただけなんですよ。今じゃぼくにも息子が二人います。エイドリアンとマーク。ぼくの子育てのやりかた、息子に対する感じかたには、おやじの影響が大きいですね。

おやじはすごく怖かったから、ぼくは失礼なことなんてめったにしなかった。逆らうこともまずなかった。でも、おふくろには丸きり別の態度をとってましたね。おやじに厳しく当たられて辛い分、おふくろにすがることも多くて。母はいろいろとかばってくれたもんです。おやじのいない所でぼくがいろいろこぼしても言いつけたりしなかったし。学校でもめごとを起こしても、黙っててくれたし。

ぼくは、頭はいいはずなのに、学校では苦労つづきでした。どんなにがんばっても、いつもどこかでぼろが出る。スポーツでさえ、ルールがなかなか守れなくて。おふくろにしてみたら、手のかかる子だったでしょうね。

大学のころ、将来の子育てのことをよく考えたものです。こんな父親になるんだ、おやじとは違う父親になってやるんだ、自分に子どもができたら、いっしょにあれもしようこれもしようってね。それこそ、空想したこともありますよ、子どもたちと一緒にいる自分の姿を、ありありと思い描いたもんです。空想の中の子どもたちはみんなぼくのことが大好きで、いつもぼくにまとわりついてくる。それというのも、ぼくは子どもの話をよく聞くから。声を荒げたりもしないし、ありのままの子どもの値打ちをわかってるから。そんな空想でした。ぼくは子どもがほしいと願ってたし、子どもができたらいい父親になるんだ、子どもとたっぷり一緒にすごすんだって真剣に思ってた。そんなぼくの子だもの、人生を存分に楽しめる子になるはずだ。自分に自信を持てる子、家族っていいなって思える子になるはずだ。そう信じて疑いませんでしたよ。

初めての子が生まれるときは、病院で女房につき添ってました。今でも覚えてます。超音波検査で、男の子だってことはあらかじめ知ってました。何か月も前から、この日を心待ちにしてたんですよ。エイドリアンの誕生は、まるで魔法でも見てるみたいでした。じいんと来ましたね。心の底から感じましたよ。ああ、やっとやり直せるんだって。ぼくがおやじとは持てなかったような関係を、息子との間で一から築いていくことができるんだって。おやじみたいな失敗はするもんか。ぼくはおやじとは違う。この子の親なんだからって。何とも強烈な感覚でした。もしかしたら、父を亡くしたのが早かったせいかもしれません。それとも、おやじが元気なうちに、もっといろいろ教わっておきたかったのかも。とにかく、エイドリアンが生まれたとき、これで、小さいころから謎だったことがいろいろ解けるぞって思ったんです。

最初の一年は、まさに思い描いてたとおりでした。エイドリアンは実に可愛いやつで、それこそ、どこへでも連れて歩きましたよ。遠出もしたし、あちこち行きました。あいつは出かけるのをいやがらないし、人懐こくて、知らない人に抱っこされてもぐずったりしないんです。

ところが、大きくなってくるにつれて、どうもいけないぞってわかってきた。聞き分けがなさすぎるんです。一歳半か二歳になるころにはもう、ごまかしようがありませんでした。ぼくの言うことも、女房の言うことも聞きやしない。やらなきゃいけないことでも、気に入らないとすごいかんしゃくを起こすんです。それも、よそでやられた日には、恥ずかしくてたまったもんじゃありません。まるで口癖みたいに「やだあ」を連発してました。可愛くて愉快なやつなのに、どこか心配なとこがある。いや、心配なだけじゃない。どうしてもカンに障るところがあるんです。ぼくだったら、おやじにこれをやれって言われれば否も応もない、とにかくやるのが当たり前でした。でも息子は、どうしても言いつけに従うことができないらしい。それもどんどんひどくなっていく。言いつけっていったって、そんなむちゃなもんじゃない、「おうい、もうすぐ寝る時間なんだから、お風呂に入らなきゃ」とか、そんな程度のもんです。なのにエイドリアンは大爆発。三歳だっていうのに。このころになると、何をさせるにもひと悶着起きるようになりました。

三歳から保育所に預けるようになったんですが、そこの職員に言われました。お宅の坊ちゃんはずいぶん元気ですね、何か始めてもすぐ別のことに気移りして、一つも最後まで続けられないようですって。でもぼくは、まだ三つなんだし、男の子なんだから、それくらい普通だろうって思いました。

プレスクールに入れたのは四歳のときです。ところがここでも先生方に言われました。

みんなと同じようにルールが守れない。課題を始めても、めったに最後まで仕上げられない。読み聞かせの時間も、一冊終わるまで座っていられない。こうしてプレスクールを二つも途中でやめることになったあげく、専門家に見せようって決心しました。

何度も面接があって、いくつもテストを受けさせて、結局、エイドリアンはＡＤＨＤだという結論になりました。ＡＤＨＤって何なのかは知らないけど、とにかく何か医学的な診断名なんだから、きっとろくなもんのはずがない。そう思うと悲しくて。

このころはもう、下にマークが生まれてて、ちょうど一つになったばかりでした。今でも覚えてますよ、病院で窓の外をぼうっと見ながら、何がいけなかったんだろうって考えてた。ここ数か月のあんなことこんなことが目に浮かんでね。ぼくときたら、エイドリアンをどなりつけたり、お仕置きをしたり。おやじにやられたのとまるきり同じことをしてしまってた。どうしようもなくうつろな気分で、自分が独りぼっちになったみたいな気がしました。先生は、ＡＤＨＤのいい点も話してくれたし、薬や行動療法でコントロールできるんですよとも言ってくれたけど、ほとんど耳になんか入りゃしません。とても受けつけられませんでした。

そうして月日は過ぎて、ぼくとエイドリアンの仲はずいぶんピリピリしたものになってしまいました。そのことで、女房ともしょっちゅう言い合いになりましたよ。ぼくには、息子はわざと逆らってるような気がする。でも女房は、わざとじゃないのよって言う。あの子は自分の力じゃどうすることもできないのよって言う。

もしかしたら、おやじのやりかたは正しかったのかもしれないなあなんて思ったこともあります。こいつに言うことを聞かせるには、ぼくもおやじみたいに頑固に、よそよそしくしてるべきだったのかもってね。ぼくがどんなにがんばったって、エイドリアンはどうせ気に入らない。何をやっても、やらなくても、かならず何かうまくいかない。こんなはずじゃなかったのに。ぼくの態度はだんだん、昔のおやじそっくりになってたんです。

エイドリアンが五つのとき、ぼくたちはCHADDの集まりに行くようになりました。CHADDってのは、ADHDの子どもを育てる親のサポートグループです。CHADDに行ってみて、やっとADHDってどんなものかわかったんです。正直言って、それまではわかってなかった。ADHDのせいで、エイドリアンがどれほど苦労していたか、全く知らなかったんです。ぼくたち両親は、あいつが安定できて、ひっくり返らずにすむように、心のよりどころになって、支えてやらなくちゃいけないんですよね。ぼくもようやく気がついたんです。

苦労は成長のチャンス！

ＡＤＨＤの子どもがいると、毎日が試練の連続だ。でも、試練は人間性を磨くチャンスでもある。たとえば、ある父親はこう語っている。

ヴェトナム戦争では、海兵隊で戦ってきた。帰ってきてからは苦労して商売を始めて、ようやく成功した。これだけいろんな目にあってきたはずのおれなのに、ＡＤＨＤの息子が生まれてみて、こいつのふるまいにはほとほと参った。ここまでしゃくに障ることなんて、そうそうなかったね。

ＡＤＨＤの子を導くには、周囲の大人は首尾一貫した方針を貫かなくてはならない。それも、こちらの出かたは、理性で計算して選ぶ必要がある。確かにこれは恐ろしく難しい課題かもしれない。ＡＤＨＤというのは、とかく感情に影響を与えがちな障害なのだから。子どもにＡＤＨＤがあると、本人ばかりか、家族の感情も激しくかき乱されることになりやすい。

でも安心してほしい。われわれ父親は、息子の成長に手を貸すことができる。それも、ここでがんばれば、一生の贈り物になるのだ。子どもと一緒にすごす時間を増やし、子どもを理解しようと努力をすれば、それだけのことはある。

子どもの世界にも波風は尽きない。ＡＤＨＤの子どもたちにとっては、子ども時代はけっして楽なものではない。この子たちは、荒波をくぐり抜けていくため、ほかの子どもたち以上に親の手助けが必要な子なのだ。課題をやりとげるには、ほかの子よりも時間がかかる子。普通よりこまめに声をかけ、よぶんに目をそそぎ、より深く理解してやらなくてはならない子。そう、とにかく何でもよぶんに必要だと思っておこう。だから、どんなにやさしい親、どんなに熱心な親でも、疲れてしまうことはある。ほかにもきょうだいがいる家、夫婦ともにきつい仕事をしている家ではなおさらだろう。親だって生身の人間。スタミナにも忍耐にも限りがある。

では、数ある親の務めの中でも、どうしても欠かせない一つに絞るとしたら何だろう？　それは、「きみはそれでいいんだよ」「だいじょうぶなんだよ」とこまめに伝えてやることだ。ADHDの子どもたちには、これまでの経験から、すっかり過敏になってしまっている子が珍しくない。そんな子は、少しでも誰かの機嫌が悪いと、何でも自分のせいかと思う癖がついている。たとえば、父親は一日いろいろなことがあって疲れているだけなのに、あるいは、母親は職場のことで悩みがあるだけなのに、ぼくは嫌われてしまったんだと思ってしまいかねないのだ。

ところで、ADHDの子どもたちはたいてい、感情の起伏が極端に激しい。その上、頭の中はいつも雑音だらけで、すぐに気がそれる。そんなわけだから、本人の機嫌が外の世界のできごととちっともかみ合っていないなんてことはしょっちゅうだ。次のお父さんも、そんなちぐはぐを目撃している一人だ。

けさ早く、息子は何か家内に腹の立つことがあったらしくて、すごい勢いで二階に上がってきました。ぼくはちょうど二階にいて、部屋のドアを開けっぱなしにしてたんですよ。息子が自分の部屋に行こうと思うと、ぼくの部屋の前を通ることになるんですね。で、たまたまぼくがいるのが目についたもんだから、わざわざ部屋をのぞき込んで、「パパなんか大っきらい！」って言ったかと思うと、行っちまいました。こっちはパンツ一丁で部屋のまん中に突っ立ってて。なんにも関係ないのにね。

おかしな話だと思われるでしょうけど、うちじゃこれが日常茶飯事なんです。こういう場合、いったい何と言ったものやら。しょうがないから、「おやまあ、ずいぶんご機嫌斜めなんだね」とか言うんですけど。腹は立ちませんね。ただ、いったい何なんだよこれはって思うだけです。

第3章　「暴れる子」のために父親ができること

人生は後ろ向きに見なければわからない。でも、前向きにしか生きられない。

――キルケゴール

どうやらＡＤＨＤには、接する者の理性を飛び越える力があるらしい。いきなり感情の渦の中に飛びこんでくるものだから、親としては思わず腹が立ってしまうことが多い。

親だって人間だ。がまんの限界というものがある。ＡＤＨＤ特有の行動を前にして、冷静でいるのは難しいものだ。この本を書くための取材に応じてくれたお父さんたちには、ＡＤＨＤとのつき合いかたについて比較的知識のある人が多い。そんな彼らでもやはり、がまんしきれずに爆発することはあるという。

わが子を手助けするためには、本人がＡＤＨＤのせいでどんな思いをするかを知っておくことは欠かせない。でも、子どものＡＤＨＤが父親に与える影響について知っておくことも、同じくらい大事だろう。

生まれた子が、あるいは、もうじき生まれる子が男の子だと知らされたとき、父親の頭の中ではさまざまな思いが駆け巡る。「健康に育ってくれるだろうか？」「頭のいい子になるんだろうか？」「将来、ぼくと同じことを好きになってくれるだろうか？」「ぼくは立派な父親になれるんだろうか？」「息子がいるって、どんな感じがするんだろう？」……疑問は尽きることがない。

ごく自然なことだ。親になるためには、誰でも心の準備が必要なのだから。

生まれた子にはっきり目に見える障害がある場合は別だが、息子のこれからの成長を思い描くとき、男親はふつう、自分の子ども時代と重ねて見てしまうものだ。あのころはああだったけど、今は世の中もずいぶん変わっているから、などと考える。そして、家族の一員としてのわが子、世の中の一員としてのわが子の姿をイメージする。

このとき父親が描くイメージは、赤ちゃんの機嫌、父親になついてくれるかどうかなどに大きく左右される。あるお父さんは、息子の赤ちゃん時代をふり返って、最初の一年半は最高だったのにと語る。

ジョンは誰もがうらやむような理想の赤んぼうでした。ぐずぐず泣くこともなくて、どこへでも連れて行けるんですよ。一緒にいると楽しくてね。大声を出さなきゃいけないことなんてめったになかったし、腹が立つこともありませんでした。

ところが、一歳六か月を境に、何かおかしくなってきたんです。とても活発な子だったのは最初からのことですが、このころからやたら逆らうようになって。いや、本当は「逆らう」なんて言いかたはしっくりきませんが、ほかに何と言っていいかわからなくて。とにかく聞きわけがない。どうしようもない甘えん坊で、一人で遊ばせておけないんですよ。女房かぼくか、どっちかがついてないと気に入らない。それに、何でも触る。活動レベルも自分ではコントロールできないらしい。何よりも、かんしゃくを起こすとすごいんです。

まるで、一晩で変わってしまったみたいでした。ぼくの方も、ジョンといると疲れるようになってきて。だんだん、一緒に遊んでも楽しいと思えなくなってしまった。何をしてもトラブルになるんですからね。

こんなはずじゃなかった。親子仲よく、それも、こいつが大きくなればなるほど、二人のつき合いは深まっていくものだと思って、楽しみにしてたのに。現実は逆。だんだんつき合いが難しくなっていく。

腹も立ちましたが、何かを失くしたって感じもありました。失望したんです。ぼくが思ってたような関係を築くことはできないんだなってね。

父親なら誰しも、息子に「こうあってほしい」と思うものだろう。親には甘えてほしいが、あまり甘えん坊なのは困る。いつキレるかわからない気まぐれな子ではなく、情緒の安定した子になってほしい。積極的な子がいいけれど、あまりわがままにはならないでほしい。好奇心は持ってほしいが、目移りばかりして何一つやり通せないのは困る。度胸はある方がいいが、おさえのきかない子にはなってほしくない。意見をはきはき言える子がいいけれども、攻撃的なのは困る……。

ＡＤＨＤの子どもたちのほとんどは、こうした親の期待をクリアできない。まわりの介入と治療がなければ、クリアどころか、近づくことさえできないのだ。治療を受けてもなお、ＡＤＨＤゆえの行動は、何とかコントロールできるようになるだけだ。アスピリンを飲んで頭痛が治るのとはちがって、消えてなくなるわけではないのだ。

親子の関係では、子どもの持って生まれた気質が大きくものをいう。父親の接しかたは、子どもの気質に左右されることが多いのだ。ＡＤＨＤの子どもたちのように、子どもがつき合いにくい気性だと、父親の対応も、批判が多くなったり、怒りっぽくなったり、よそよそしくなったりすることがある。子どものつき合いにくさは、外部からのサポートである程度やわらぐものの、基本まで変わるわけではない。

ところが、ここで父親が意識して頭を切りかえ、自分の中にある〈理想の息子像〉を修正したなら、父と息子の間には、これまで考えられなかったような関係が育ちはじめる。

ある父親は、そんな体験を次のように語ってくれた。


ミッチはこういうやつなんだな。いくらぼくが「こんな子になってほしい」って思ったところで、いきなりちがう子になるなんて無理だよな――ひとたびそう納得してしまうと、ぼくの接しかたが変わりました。前より寛容になったんです。

そしたらあいつにも、「父さんも本当はぼくのことが大事なんだな」って伝わったんでしょう。ぼくは前みたいに無理難題を言わなくなった。あいつもそれには気がついてると思います。

無理やりがんばらせたり、集中しなさいって言ったり、ぼくの好きなことを好きになれって言ったり……。どれもあいつには合わなかった。今じゃ、ぼくが一歩さがったんで、前みたいにぴりぴりした雰囲気はなくなりました。あいつと一緒にいるのが前より楽しくなったし、二人で楽しめることも増えました。

自分の期待を修正することに成功したお父さんをもう一人、紹介しよう。

こっちはフィリップを大事にしない、応援もしない、そのくせフィリップにだけ親を大事にしなさいなんて言えませんよ。わたしがあいつに不満を持ったり、腹を立てたりしようものなら、あいつにはすぐわかってしまいます。わたしの顔を見るだけでね。不満といっても、本当は、あいつっていう人間に不満なんじゃない。あいつのやることに不満なだけなんですがね。でも、以前はちがいました。フィリップっていう人間そのものを不満に思ってました。フィリップもそれがわかっていてね。

息子に「父親を敬いなさい」と言うからには、わたしだって息子を敬わなくちゃいけません。鍵を握ってるのはわたしなんです。まずはわたしが変わることです。そうすれば、息子も見習う。薬物療法と行動療法のおかげもあって、わたしもだいぶ、息子に要求することが現実的になりました。

父親が息子の気質とニーズをよく知って、もっと現実的な期待を持つようになると、息子がみるみる変わりはじめる。

子どもの育ちかた、学びかたには、一人ずつに独自のスタイルがある。親の勝手でせかしたり、いらだったりすると、発達はかえって遅れることになりかねない。ひどいときには、わが子の中の大切な部分が壊れてしまうかもしれないのだ。これでは、親子の関係にもいいはずがない。物ごとには何でも、本来たどるべき道すじがあり、固有のペースがある。私たちは、本来のペースを尊重し、待つことを学ばなくてはならない。

子どもの成長を応援するなというのではない。だが、もっと速く、もっと大きくと追い立てるのは、ときとして危険な結果を招いてしまう。

今でも思い出すよ。ある朝のこと、木の皮の下に繭《まゆ》を見つけたんだ。繭には穴があきかかっていて、ちょうど、蝶が出てこようとしているところだった。わたしは蝶が出てくるのを見たくてしばらく待っていたんだが、あんまり遅いものだから、だんだんじれったくなってきた。そこで、温めてやろうと思って、そっと息を吐きかけてみた。少しでも早く温まるように、精いっぱいがんばったよ。すると、奇蹟が起こった。わたしの目の前でね。普通ならあり得ないような速さで繭が裂けて、蝶が這いだしてきた。

そのときの恐ろしさは、一生忘れられんよ。出てきた蝶は、翅《はね》が折れ曲がって、つぶれていたのさ。かわいそうに、蝶は全身を震わせながら、翅を広げようともがいている。何とか手伝ってやろうと、わたしも息を吹きかけたが、そんなもの役に立ちはしなかった。

本当は、あの蝶はもっと時間をかけて出てくるべきだったんだ。翅だって、ゆっくりと陽の光を浴びて、少しずつ伸びていくはずだったのだ。でも、今やどうすることもできなかった。わたしに息を吹きかけられたせいで、蝶は、まだ準備が整わないのに、くしゃくしゃのままで出てきてしまったんだ。蝶はしばらく苦しんでいたが、数秒ののち、わたしの掌《てのひら》の上で死んでいった。

小さな亡骸だったが、今もわたしの良心に何よりも重くのしかかっているよ……。人はな、急いではいかんのだ。じれてはいかんのだよ。堂々と胸を張って、外から与えられるリズムに従うのが本当なんだよ。

——ニコス・カザンザキス『その男ゾルバ』

子どもも蝶と同じ。本人の能力と関心に応じて、自然に伸びていく過程をじゃましてはならない。ADHDのある子どもたちは、とかくほかの子よりも「繭から出てくる」のが遅い。そんな彼らにたえず息を吹きかけていたのでは、彼らの内に秘められた才能は育つことができない。

でも、親の眼力はあなどれない。親がよく見れば、わが子はまだ翅が伸びていないのか、もう飛び立つ準備ができているのか、たいていは区別がつくものだ。

今のわが子には何ができて、何がまだ無理なのかを見きわめるには、子どもの行動を発達の観点から理解することが大切だ。表の6を見てほしい。

表6　子どもの発達レベルのことを勘定に入れよう

●ＡＤＨＤのある子どもたちはたいてい、同じ年ごろの子どもたちよりも情緒面で成長が遅い。だから、人に対する受け答えも世慣れていない。実際の年齢よりも年下の子と同じレベルにあると思った方がいい。

●受け答えが幼いのにも、礼儀にかなっていないのにも、神経学的な理由がある。年相応のふるまいができないのは、わざとではない。

●ＡＤＨＤの子どもは、頭の中の考えを整頓するにも、手をつけたことを最後までやりとげるにも、ほかの子どもたちより時間がかかる。同い年の子どもたちと同レベルに達するのは、まだ少し先のことだと思っておこう。

●原因と結果の関係も、なかなかピンとこない。だから、たとえば、「使った物を片づけずに出しっぱなしにしていたら、楽しみにしていることを禁止する」「タイムアウトを言い渡す」と決めてあっても、すぐには身につかないかもしれない。同じ年ごろの子よりも、因果関係を覚えるのに時間がかかるのだ。だから、あせらないこと。

●ＡＤＨＤのある子は頭の中もごちゃごちゃしているし、神経系の発育も遅れている。だから、学校の勉強一つとっても、手をつけたことを最後までやりとげるのは重労働になるし、手元の作業に今すぐ必要な情報だけに注意を絞ることも難しい。そのため、知能テストで測った知能の割に、実際の学力がふるわないことになりやすい。
●ADHDのある子どもでも、失敗したときは、親に指摘されないうちから「しまった」と気づいているものだ。親が穏やかに指導すればがんばろうという意欲につながるが、対応がまずければ、自尊心をそいでしまうことになりかねない。

父子そろってADHDの家では

この本を書くため、たくさんのお父さんたちに話を聞いてきたが、かつての自分の対応ぶりを後悔したり、恥ずかしく思ったりしている人は実に多かった。
ところが中には、自分もADHDだったことに気づいていて、わが子に同じ苦しみを負わせてしまったことに責任を感じている人々もいた。

息子は、気持ちの面でも、人づき合いの面でも苦労ばかりしています。あの子がこんな苦労つづきの一生を送らなきゃいけないのは、ぼくのせいだって気がして。ぼくは子どものころADHDでした。確証はないけど、そう思ってます。そして今、息子までが、あのころのぼくと同じことに苦労して、同じ思いを味わってる。あいつがぼくと同じように悩み、苦しむなんていやです。でも、どうしたらいいのかわからない。

息子が苦労してるのはぼくのせいだって気がして、責任を感じてしまいます。でも、ぼくがあいつと同じ年のころは誰も助けてくれなかったけど、あいつにはぼくがついてる。ぼくがしてもらえなかったことを、あいつにはしてやれる。ただ、楽なことじゃないです。あいつのやることを見てたら、ぼくも思わず腹が立っちゃったりするんですよね。

一方、息子の衝動性に手を焼いていた時期のことをふり返って、厳しく当たりすぎた、あんなに叱らなくてもよかったと言う人々もいる。

今わかってるのと同じことを、あのとき知っていたら……。本当に、本当に心の底から思います。こんな古臭い流行歌の文句みたいなこと、言ったってしょうがないってわかっちゃいるんですけどね。でも、以前のぼくは、あいつが無責任なのも、言うことをきかないのも、わざとだって思ってた。あいつがＡＤＨＤって診断されても、まだ考えは変わらなかった。だから、首根っこをつかまえたり、どなりつけたり、あいつの判断や行動を笑いものにしたり……。要するに、応援してやらなかったんです。それでなくてもあいつは自分に自信を持てずにいるのに、そのわずかな自信をわざわざそぐようなことばかりしてたんですよ。

こいつはわざと逆らってるんだってのは、ぼくの願望だったたって気がします。そう思いたかったんでしょうね。本当はこうしなきゃってわかってるのに、力がないんだなんて、信じたくなかったんですよ。

でも、ADHDについていろいろ本を読んで、わかりました。あいつだって人に好かれたいし、いい子になりたくて必死なんだ。車でいえば、動く気はある。行き先もわかってる。でも、ガソリンが入ってなかったんです。

ADHDの息子の父親といっても、古くからADHDになじみがあった人ばかりではない。確かにADHDはたいてい遺伝子で伝わる（両親のどちらかか、親戚の誰かに、子どものころに同様の問題があった人がいる）と考えられているものの、一〇〇パーセントがそうとは限らない。また、ときには母親の側から伝わることもある。

ぼくは子どものころ、わりとうまく行ってたんですよ。運動が好きで、勉強でも苦労はなかったし、友だちもたくさんいた。たまに叱られることはあっても、まあ、子どもなら誰でもやるような普通のことくらいで。

うちでは、おやじが物静かな人でね。一緒にいると落ちつくんです。おやじは音楽をやってたもんですから、うちでもよく一緒に演奏しましたよ。ぼくらにも音楽を教えてくれたし。親戚にも、エディーみたいにカッとなる人なんて一人もいなかったと思います。けど、家内は興奮しやすいたちでね。子どものころは学校で苦労したそうです。集中できないし、ルールどおりにやれなくて。

エディーをしつけるにも、ぼくより家内の方が苦労してますね。二人とも頭に血がのぼっちゃうんです。家内もエディーといっしょになって我を忘れてしまう。


ＡＤＨＤの子を育てていると、親は毎日のように苦しい決断を迫られることになる。自分の内からわき上がってくる感情にも向き合わなくてはならない。自分の対応ぶりも見直さなくてはならないし、ＡＤＨＤに対する見方も問われることになる。

でも、私たちが経験するのは、後ろめたさや怒りばかりと決まったわけではない。子どものために手を尽くし、生き生きと楽しい交流が生まれるチャンスもたくさんあるのだ。


ぼくは恵まれてるなって気がします。子どものときはどうにもできなかったことに、今、取り組めるんですから。昔は、これが何なのか知らなかったから、どうすることもできなかった。当時は、多動の子どもは、怠け者とか、頭が悪いとか、わがままとか決めつけられるだけだった。

ぼくの態度が悪いのは、両親のしつけが悪いって思われてたんでしょうね。両親自身もそれを信じてたと思います。二人とも、どうしたらいいかわからなかったんですよ。ぼくだって、今になってやっとわかりかけてる最中なんですから。

親のしつけが悪かったために子どもがADHDになることはない。だが、言うことを聞かせようと、力で無理やり抑えつけると、もともとあった症状が悪化することはある。

自尊心を失った子どもたちは、やるべきことをやろうと思っても、勇気が出なくてなかなか動きだせない。こうして子どもは悪循環にはまってしまう。「自分はいつも面倒ばかり起こすんだ」「みんなの期待を裏切ることになってるんだ」という思いこみができあがってしまい、ついには、最初からそのつもりで行動する癖がついてしまうのである。

ADHDのある子どもたちは、すべりやすい斜面に立っているようなもの。いつ足をすべらせて、失敗と自分いじめの悪循環にはまってしまうかわからない。それを防いでやれるのは、何といっても身近にいる親だろう。

だが、親が率先してADHDゆえの問題点に取り組もうとしても、本人が乗ってこなくてはしかたがない。本人をその気にさせるには、まずは信用を勝ちとること。「パパなら、いざっていうときにはぼくの味方になってくれるはず」と思っていなければ、子どもだって身を預ける気になれないだろう。

次に紹介するお父さんは、自身もADHD。自分と同じADHDの息子が生まれたことが、思わぬ転機になったという。

ぼくが子どものころは、ぼくがどうして困っているのか、誰も知らなかった。わかってたのはただ、ぼくは何かあるとすごく不機嫌になってしまうってことと、ちゃんとルールに乗っかるのがへただってことだけでした。基本的にはいい子だったんですけど、用意されたプログラムに乗るのがへたでね。どんなプログラムでもなぜか外れてしまう。

父にはよく、「頭痛の種」だとか「やっかい者」だとか言われていましたね。ぼく自身も、そうなんだろうなと思ってました。何かうまくできたことがあっても、やったぞって思ったり、喜んだりしたことがないんですよ。「このぼくにさえできたってことは、どうせ大したことじゃなかったにちがいない」って思ってたもんです。父も、ぼくが何かいいことをしたら、「そりゃあいくら何でも、たまにはマシなこともしてもらわなきゃ困るからな。面倒を起こすばかりが能じゃない」と言ってましたね。

そんなぼくでしたが、子どもができたときは決心しました。ぼくの子どもには、父みたいな接しかたはしないぞって。ピーティーは生まれたときからもぞもぞと落ちつかない子でした。すぐ気が散るし、いつも動き回ってる。そのくせ、何ともいえず愛敬があって、思いやりのある子なんです。

ぼくだって、ちょっとでも気を抜いたら、父みたいに、困った点ばかりに囚われてしまいそうでした。でもぼくは決心したんですから。この子にはかっちりした枠組みを与えてやるんだ、わが家のルールをはっきりわかるようにしておくんだ、自分や他人に危険なことをしなければ、こっちの気に障るからっていちいち反応しないんだってね。でも、これを貫こうと思ったら、ぼく自身の子ども時代を見つめ直さなきゃいけなかった。自分のかんしゃくにも気をつけないといけないし、ぼくは息子に何をしてやりたいのか、目的をはっきりさせなくちゃなりませんでした。

今、ぼくと息子の関係は、大げさじゃなく、二、三年前には考えられなかったくらい良くなってます。そりゃあ今でも、心配になることはありますよ。あいつは相変わらず衝動に流されるし、愚かな選択もする。見てると情けなくなってしまいます。でも、話し合えばいいんですよ。次からはどうしたらいいか、計画を立てればいいんだ。あるいは、何も言わず、黙ってることもあります。ただ並んで腰を下ろして、肩を抱いてるだけ。そんなときもある。そのときそのときで、今のこいつには何が必要なんだろうって考えて決めてます。

ぼくが子どものころ、何か問題を起こしたり、期待にそむいたりすると、父に言われたもんです。「一回あったことは、どうせまたあるに決まってる」ってね。ぼくもピーティーに同じことを言ってます。ことばは同じだけど、全然別の意味でね。父は、ぼくはどうせ直らないって意味で言ってたんですけど、ぼくのは逆。同じようなことはまたあるから、そのときやり直せばいい、チャンスはあるって意味で使ってるんです。ぼくの解釈の方がずっといいでしょう。

がまんはいつか報われる

息子がＡＤＨＤとなると、父親も毎日が苦労の連続だ。よその親たちなら考えたこともないようなトラブルが次々襲ってくるのだから。
そんな中、「この子にたっぷり愛情を注ぎたい」という思いと、「こんな子はもうあきらめて、手放した方がいいのではないか」という思いとが激しくせめぎ合うこともある。あるお父さんは、そんな思いを打ち明けてくれた。

ときどき、この子はよその家で育てられた方が幸せなんじゃないかなんて思っちゃうこともあります。だって、息子は不満げにしてることが多くてね。沈み込んでるっていうのとはちがうんです。その、とにかく何か気に入らないらしい。思いどおりに行かないというのか。

ぼくだって精いっぱいやってるつもりです。息子のそばにいてやろう、一緒にいろいろやろうって。でも、どんなにがんばっても何かが間違ってるか、何かが足りないらしい。あいつはどうしてやったら気に入るのか、あるいは、どうしたら今あるもののありがたみを実感させてやれるのか、よくわからないんですよ。

こう考えてみてはどうだろうか。親がわが子のニーズを満たしてやれなくてもどかしいときは、子どもの方も同じようにもどかしく、歯がゆい思いをしているものだ。自分は何をしてもらったらいいのか、うまく表現できない。人に伝えられないのでは、満たしてもらえるはずもない……。
ＡＤＨＤのある子どもたちは、気持ちの浮き沈みもなかなかコントロールできないし、周囲の変化にもうまくついていけない。心身の状態もころころ変わるから、どうすればいいかわからず、困ってしまう。その上、まわりの人々からはしじゅう叱られ、けなされつづけるのだ。

ポールを育ててると、スポーツチャンネルでやってる、ホットロッド車のドラッグレース（出足と加速を競うレース）を見てるみたいな気分ですよ。出てる車はどれもこれも、容積のほとんどがエンジンでできてるでしょう。スタートラインには車がひしめいてて、震えてるのもいれば、ブンブンうなってるのもいる。早く飛び出したいのをこらえてるテンションがうるさいくらいに伝わってくる。

青信号が点くと、みんなありったけの力で飛び出す。コントロールを失ってスピンしちゃうやつ、とっくにゴールしたのにいつまでも止まらないやつ、何とか持ちこたえてゴールするやつ。

ポールの場合、以前は、いつクラッシュして炎上するか、誰にもわからなかった。でも今じゃ、暴走してかんしゃくを起こすことはめったにありません。エネルギーを制御して、方向を与えることができるようになったんですよ。それも、ぼくが接しかたを改め、一緒にすごすときの態度を改めた影響が大きいですね。

これだけは知っておいてほしい。親の側がほんの少し接しかたを変えるだけでも、双方に思いがけず大きな変化が起こるかもしれないのだ。

私たちの所には、子育てに悩む両親がおおぜい相談に訪れる。でも私たちは、最初からすぐに具体的な行動療法のテクニックを教えたりはしない。まずは宿題を出す。一週間にわたって、自分たちの接しかたをじっくりふり返ってもらうことにしている。その宿題とは、次のようなものだ。

ノートを一冊用意して、親子で一緒にすごした時間を残らずふり返り、「やりとりログ」を記録する。記録するのは、次の四点。

1．そのときの状況。（例：「野球の試合のあとで、アイスクリームを食べに行った」）
2．腹が立ったり、いらいらしたりしたきっかけ。（例：「息子に『ふつうのラージサイズじゃやだ！　ファミリーサイズがいいの！　パパのうそつき！　何でも好きなもの買ってやるって言ったくせに！』と言われたから」）
3．自分の対応。（例：「どうしてお前はそうわがままなんだ。アイスクリームを買ってもらえるなんて、それだけでも恵まれてるんだぞ。感謝の気持ちのカケラもないんだな。もういい。アイスクリームはなしだ！」）
4．それに対する息子の反応。（例：「息子はどなり返し、それから口げんかが始まった」「ことばだけだが、かんしゃくを起こして、抑制がきかなくなった」等）

記録するにあたっては、自分の感じたことも、対応のしかたも、記憶のとおりに正確に書いてほしい。こうして思い出し、記録していく中で、今の自分たちの接しかたのパターンに気づくことができるし、それに対する子どもの反応の癖も知ることができるのだから。

そして最後に、息子が何か良いこと、正しいことをしたときの自分の行動を記録しよう。親のフィードバックに、息子はどう反応しただろうか？


こうして記録してもらったノートが、次回の相談日の題材になる。この日は、どんな状況でトラブルになったか、親はどんな気持ちになったか、どんな対応をして、どんな結果になったかを詳しくきいていく。こうして話してもらうと、親御さんたちは、自分たちの対応パターンのどれがまずかったか、すぐに気がつくようだ。また、息子がよい行動をしているとき、がんばって自分をコントロールしているときに、ちゃんとほめているかどうか、どんなほめかたをしているかも意識してもらう。

この宿題をやってもらうだけで、両親の精神的なストレスが少しずつやわらいでいくことさえある。あるお父さんの体験談を聞いてみよう。


簡単な宿題でしたが、目を開かれる思いでしたよ。

気づいたことはたくさんあります。何よりも、自分の指示がいかに曖昧だったかがわかりました。おい、あれをするぞと言ったら、息子にはぼくの考えてることがスッと通じるもんだとばかり思ってたんです。今から実際何をするのか、息子は何をイメージしてるのか、ぼくは何をイメージしてるのか、きちんと口に出して突き合わせることなんてまずありませんでした。

この宿題を半分もやったところで、はっと気づいたんです。息子が内心ではどんな思いをしているか、いつも気を配らなきゃ。予定や計画は、誤解の余地がないくらいはっきりさせてやらなきゃ。こっちがそれをするかどうかで、息子の態度は天と地ほど変わる。そうすれば当然、ぼくの出かたも変わってくる。

そう気づいてからは、ちゃんと説明せずに、宙ぶらりんな気持ちのまま新しいことを始めたりはしなくなりました。ぼくがお膳立てをすませておくべきなんですよね。考えればだいたいわかるはずじゃないかなんて思わなくなりました。前は平気で、それくらいアドリブでついて来いよって思ってたものですけどね。ぼくは勘に頼って出たとこ勝負でも平気ですが、息子はそうはいかない。あの子はかちっとした枠組みがないとダメだし、ぼくがこまめに「うん、その調子でいいんだよ」って言いつづけてやらないとダメなんです。

こうして自分のパターンに気がつく前は、何を、いつ、どんなふうにやるつもりなのか、はっきり伝えてませんでした。あのころは、息子と一緒にすごしても、お互い楽しくなかったし、プラスになることもほとんどなかった気がします。

発想を変えると、行動が変わる！

アインシュタイン曰く、「観察して何が見えるかは、理論しだい」。子育ても同じ。「手のつけられないやつめ」「言うことを聞く気がないんだな」と思って見れば、何を見てもそう見える。そう見えれば、こちらの対応法も自然とそれなりのものになってしまうのは避けられない。

でも打つ手はある。意識的に、息子が「調子のよいとき」にばかり注目するのだ。いいことに注目し、ほめれば、そのパターンが強化される。その上、息子には、「パパはぼくの味方なんだ。ぼくががんばれば、応援してくれるんだ」というメッセージが伝わる。

あるお父さんの証言を紹介しよう。


以前は、「少しでも甘い顔を見せたら、こいつはずるくてわがままなやつになってしまうんじゃないか」「市民としての義務を果たさないやつになるんじゃないか」って思ってました。だから、少しでも悪いことをしたら、厳しく叱っていました。それが昂じて、「もしかして」って疑っただけで、もう責めたてるようになってしまって。気がついてみたら、ぼくはいつもぴりぴりして、息子が失敗するのを今か今かと待っていたんです。あのころのことを思うと、時間を巻き戻して、やり直したいですよ。でも、そんなの無理な相談です。だから、せめて今からでも、態度を改めるんだって心に決めました。

それがね、ぼくが接しかたを改めてからっていうもの、あいつの行動は驚くほど変わったんですよ。そう思ってるのはぼくだけじゃない、みんなが言ってることです。


人の態度は、世界観に大きく支配される。だから、自分の物の見かたを手直しすることは、自分の行動パターンや感情をダイレクトに変えることになる。それも、ただちに効くことが少なくない。

親がわが子のことを「悪い子なんだ」とか「いつもピリピリしていて、すぐキレる」、あるいは「繊細すぎて、傷ついたら立ち直れないにちがいない」などと思って見ていると、子どもは「そうか、ぼくはダメなんだな」「おうちの人にもわかってもらえないくらいだから、よその人にもわかってもらえないだろうな」という思いを引きずったまま生きていくことにもなりかねない。

わが子が「ぼくはかわいがられている」「ぼくは大事にされている」と感じられるかどうかは、われわれ親がどんな目で見てやるかにかかっている。たとえよその人が誰もわかってくれないことがあろうとも、親さえしっかり認めてやっていれば、被害は小さく抑えることができる。親に認められている子どもは、自分の本当の値打ちをしっかりわかっているからだ。

親が子どもを見る目を変えるためのテクニックを、表の7にまとめてある。

表7　発想を切りかえるには

●わが子のやることに腹が立っても、この子はわざとやっているのではないことを自覚すること。ＡＤＨＤのある子どもたちは、優先順位や手順を整頓する力が備わっていないので、何ごとも思いついた順にやろうとする。そのため、「理性を働かせなくては」「合理的に動かなくては」と知っていても、そのときになると負けてしまうのだ。
●子どもに腹が立ったとき、自分はどんな反応をしがちか、癖を自分でよく知っておく。
●自分自身に、子どもを叩いたり、どなったり、身体をつかんで引きずり回したり、ひどいことばをかけたり、自分の殻に閉じこもったりする癖があるなら、別のやりかたはないか考えてみよう（たとえば、「この子はいつも困ったことばかりしているわけではなく、ときどきのことなのだ」「問題行動が出るときには、決まったパターンがあるのだ」と気づけば、自分の対応ぶりも変わるかもしれない）。親の対応がピタッとはまると、問題行動そのものが減っていくことはあるものだ。一方、親の誤解で怒りをぶつけられると、問題はかえって増えかねないし、子どもも「自分には値打ちなんかないんだ」という思いをつのらせることになってしまう。
●息子の行動をもっと大きな枠組みの中で見てみよう。すると、息子にももっといろいろな選択肢があること、問題行動はその一つでしかないことがわかるだろう。
●自分も失敗したり、状況を読み誤ったりするかもしれないこと、自分もカッとなるかもしれないことを認めよう。
●あ、だんだん腹が立ってきたな、不満がたまってきたなと気づいたら、休憩しよう。たとえば、散歩に行く。深呼吸をする。妻やパートナーに助けを求め、交替してもらおう。
●自分は息子にどんな対応をしたいのだろうか？　頭の中で、理想の対応をイメージしてみよう。(「簡単な指示なのに、子どもが聞いていなかったら、あるいは、従わなかったら、今度からこうしてみよう」)

● 「自分は今度から、こうしたいんだ」と、配偶者やパートナーに宣言しよう。ほかの人と「契約」することで、自分にブレーキをかけやすくなる。

新しい道を行く

罪悪感。それは人間としてごく自然な感情だ。考えを改め、これまでの行動を後悔しているときは、申しわけない気分になってしまうのは当然のこと。

人が罪悪感に襲われるのは、たいていが、期待を裏切られたときか、理想を実現できなかったときだと言っていいだろう。人にはそれぞれ、年齢や価値観に応じて、自分なりの期待水準というものがある。周囲にはこうされたい。自分はこうしなくては。これくらいの水準は満たしたい。なのに現実はままならない……。そんなとき、内なる声がささやく。「おいおい、こんなことやってちゃダメじゃないか!」つまり、罪悪感とは、自然が与えてくれた注意信号の副産物なのだ。

罪悪感を覚えるのも、生きているしるし。あるお父さんも、息子が小さかったころの接しかたを思うと、申しわけなくてしかたがないと語る。

うちの女房はアルコール依存症でしてね。今は、がんばって断酒しているところなんです。気持ちの面でも、もっと精神的な意味でも、何とかバランスのとれた生活を築こうとして、本当に努力してる。頭が下がる思いですよ。

ぼくは、今でこそそんな女房のすごさがわかるようになりましたが、前はそうじゃなかった。ちょうど、息子のブラッドが小さいころの話です。ブラッドのADHDもひどくてね。家族全員、共倒れ寸前でした。でも当時のぼくは、女房が飲んでることにも目をつぶろうとしてたし、息子が助けを求めてるのにも耳を貸さなかったんです。一人、自分の中に閉じこもって、心を開こうとしなかった。現実と向き合うのがいやだったんですよ。

ぼくがそんな態度をとってたせいなんでしょうね、息子は、「パパはぼくのことなんかどうでもいいんだな」「ぼくの味方にはなってくれないんだな」っていう感覚がしみついちゃってるみたいです。それもまるきり当たってないとは言いませんけど、本当は息子が好きだし、心配なんです。でも実際、こんなになってしまってから、どうやったらそれが伝わるんでしょう？　今でもしょっちゅう考えてしまうんですよ、あのころのぼくが、あいつの心に残してしまった傷のことをね。あのころぼくは、あいつを見捨ててたんですからね。何とかして埋め合わせをしなくちゃ——いつも、そんな思いがあるんですよ。

罪悪感にとらわれるのは、人間だからこそ。でも、罪の意識を手放していくことも、やはり人間として自然な営みの一つだ。罪悪感を手放すことは、今をしっかり生きること。〈現在〉は自分の裁量で選ぶことができる。たった今、自分はどんな父親でありたいか？　決意は今すぐできるのだから。

罪悪感を卒業して、〈現在〉に目が向いたときこそ、実は絶好のチャンスなのだ。今なら、自分のなりたい父親、息子が必要としている父親になるため、過去の失敗を教訓にすることができるのだから。

いつまでも罪悪感に縛られていては、首かせをつけたまま歩むのと同じ。本当は、これからより良い関係を築くことだってできるのに、その可能性が見えなくなってしまう。過去に失敗をしたからといって、ずっとわが子に〈借り〉を感じていると、これからの関係にかえって害になりかねない。けじめをつけるべきところでけじめをつけられなくなり、健全な親子関係が育たないのだ。

どちらか一方が得をして、どちらかが損をするのではなく、双方にとってプラスになり、喜びでもある――そんな関係を支えるのは、忌憚のない話し合いと、許すべきことは許そうという意志だ。もしもあなたが、いつまでたっても誰かを許す気になれないとしたら、その人との関係は、もはや終わりを迎えたしるしであることが多い。

本当に健康な人間関係の根っこには、互いを尊重し合う心がある。そんな二人の間には、はっきりした〈けじめ〉がある。双方が相手のルールを知り、納得している。

野外で子どもたちのグループを率いて活動する指導員の一人が、こんなことを言っていた。

「人と人が集まるところ、かならずいざこざは起きるものですよ。簡単な話です。一人がお腹を空かせているときに、もう一人は喉が渇いている。一人が寝ようとしていても、別の誰かが起きようとしている。左に行きたがる者もいれば、右に行きたがる者もいる。意見が分かれるのが悪いんじゃない。意見が分かれたときに、どうまとめるかが大事なんですよ」

人にはそれぞれ、「これだけは譲れない」「ここから先には踏み込まないで」というラインがあるもの。双方が相手のラインを知り、納得していなければ、二人の関係は不安定なものにしかなり得ない。潮が満ちてくるたび、いつ崩れるかわからない。

過ちを犯したなら、正直に認めてしまおう。自分自身にも、ほかの人にも。そうすれば、新しい道が開ける。これから築きたいと思う関係へ向かって、歩みはじめることができる。

自分を許すことには、絶大な力がある。次に紹介するお父さんも、そんな経験をした一人だ。

ぼくは何年もの間、「自分はなんてひどいことをしてしまったんだろう」って思いに囚われてました。それまでずっと、ジャスティンにつらく当たってきたからです。でもようやくふっきれた。今からやり直せばいいいんだって。今から二人の関係を改めていけばいいんだってね。

それまでは、ぼくの接しかたには一貫性がなかった。ジャスティンがいい子にしてれば、注目してやるし、一緒にすごしてやる。でも、反抗的なときは、無視したり、責めたり。いつも、条件つきの愛情だったんですよ。あいつが困っているときにかぎって、お前にはがっかりしたよとか言っては、傷口に塩をすり込むことをしてきた。ぼくはいったい何を考えていたんだか……。

とにかく、今では心がけてます。あいつの本当のレベルを知って、ありのままの姿を認めてやること。前みたいに、ただでさえ転びそうなときに、さらに突き飛ばすようなまねはやめる。困った所があれば、手を貸して、一緒に取り組む。そうしたら、見ちがえるほど変わりましたね。それも、家族の全員がです。

共感と許しは子育ての土台だ。しかも、しじゅう誤解され、世の中になじめない思いを味わっている子どもが相手となると、その重みはなおさらだろう。

次に紹介する父親も、共感と許しとを通じて罪悪感と羞恥心をふり払うことができたという。

うちのカーティスが「どこかおかしいぞ」ってことは、早いうちからわかってました。二歳か三歳のときにはもう、同じ年ごろの子どもたちから浮いてましたから。でも、ぼくに比べると、女房はなかなか信じようとしませんでしたね。たぶん、後ろめたかったんでしょう。

後ろめたい気持ちになるのも、無理のないことです。ぼくだって覚えがありますよ。この子のADHDはぼくの遺伝だろうかとか、それとも、ぼくの接しかたが悪かったせいだろうか——とかね。

だから言いましたよ。「なあ、誰の責任だろうと関係ないよ。とにかくこの子は、じっと座っていようと思ってもできない。友だちと仲良くやっていくのも大変なんだ。それだけははっきりしてるじゃないか。この子にはサポートが必要なんだよ。学校でも、友だちとの間でも、自分だけよそ者みたいな気持ちを味わわなくてすむように、今すぐ専門家に相談するべきだよ」ってね。

女房を励まして、医者に相談するように言いました。そのころにはもう、友だちの一人に、もしかしてＡＤＨＤじゃないのかって言われてましたしね。

そんなぼくたちでしたが、今では、しっかり話し合うようになりましたよ。カーティスのためには、どんなふうに接してやるのが一番いいんだろうって、相談しないといけませんからね。

古い罪悪感や怒りを卒業して、わが子と親密な関係を築くには、まずはこちらが発想を転換しなくてはならない。親が子を見る目が変われば、子どもが本来持っていた良い面が姿を現わし、伸びてくるものだ。だが、発想を切りかえるといっても、なかなかそう簡単にできることではない。

ユダヤ教の経典、『タルムード』では、「自分がされたくないことは、他人にもするな。律法などつまるところこの一点に尽きる。それ以外はみな、注釈にすぎない」といい、聖書では「自分がされたいとおりのことを、ほかの人にもしなさい」という。親が度を失って、怒りをそのままぶつけたりしたら、子どもはどんな気がするだろう？　立場を入れかえて想像してみるといい。自分なら、どなられ、けなされ、あざけられたらどんな気持ちになるだろう？

親の方から先に、わが子に心を開こう。本気でやれば、無限のチャンスが広がる。胸の内を率直に語り、人間として成長するチャンスが開けるのだ。

次に紹介するお父さんも、かつてはかたくなでよそよそしかったが、今では愛情をもって子どもを応援する親へと成長をとげたという。そんな彼の話に耳を傾けてみよう。

今ではぼくも、息子と一緒にすごしたり、話をしたりするとき、「こいつは今、成長段階でいえばどの辺の場所にいるんだろう？」ってことをしっかり計算に入れるようになりました。でも、最初からそれができたわけじゃありません。ひどい無理をさせてたころもありましたよ。何でもぼくのやりかたでやらせようとしてね。親はこっちなんだから、ぼくは大人なんだからって理由です。あれもこれもしてやってるんだから、言うことを聞くのが当然だろうって思ってたんですね。

今じゃ、大声を出すこともめったになくなりました。場の雰囲気からはみ出すなってプレッシャーをかけるのもやめました。「あ、ちょっと道を踏みはずしかけてるかな」とか「つまずいてるらしいな」とか思ったら、ゴルフに誘うことにしてます。ゴルフなら息子も好きですし、誰もいないコースで二人きりになれますから、話をするにはうってつけです。最近感じてることとか、悩んでることとか、本人が話したくなればいつでも話せるように、機会だけを与えてあとは任せるわけです。

息子も大きくなってきましたから、小さいころのようにはあれこれ話してくれなくなりました。でも、そんなことは気になりません。だんだん親に秘密を持つ年ごろにさしかかってるんだなってわかっていますから。

共通の趣味っていえば、サッカーもあります。ぼくは息子の入ってるチームのコーチの助手をしているんですよ。だからあいつにしてみたら、ぼくがほかの子どもたちとつき合ってるのを見てますし、みんなに影響を与えてるのを見てるわけでしょう。息子がぼくに一目置いてくれて、言いにくいことを打ち明けてくれるのは、そのおかげもあると思います。あいつもだんだん親に隠しだてする年になってきましたが、いざっていうときにはぼくを頼ればいいってことはわかってると思います。ぼくはそばにいるし、いつでも味方になってやるつもりです。あいつにも、それはちゃんと伝わってるはずです。

「発達段階」という時間軸の中に置いてわが子の行動を見られるようになると、無用なストレスを避けることができる。隠しごとや単独行動が増えても、必要以上に心配したり、恨めしく思ったりせずにすむのだ。成長の証は尊重しながら、同時に、話したいことがあれば話しにこられるよう、扉だけは開けておく。この二つは両立可能なのだから。

このお父さんの場合、息子が打ち明け話をするのに最適なセッティングを見つけることができた。そのためには、子どもの好き嫌いをよく知っていなければならない。親の好きな遊びに無理やり誘ったのでは、断られたり、ぐずぐずと文句を言われたりして、こちらだっていい気持ちはしない。息子に軽んじられたようで腹も立つ。わが子の趣味を知り、どんな場面なら注意を引きやすく、実のある交流ができるかを知っておけば、かなりのいらいらは未然に避けられるのだ。

ＡＤＨＤの子どもたちは、人を怒らせることにかけては名人級と言っていい。どんなにおっとりした人も、この子たちにはかなわない。やたらに世話のやける子もいれば、ぐずぐずと優柔不断な子もいる。一見しただけでは、人に感謝しているそぶりが見えない子どもたちなのだ。

この子たちは、持って生まれた身体の条件から片時も逃れることができない。その上、家庭でも、近所や地域社会でも、学校でも、次々と苛酷な要求をされる。この子たちが味わっているプレッシャーを、あるお父さんはこんなことばで説明してくれた。


トロイはしょっちゅうめんどうを起こすものだから、どこに行っても監視つきです。家でも学校でも、一人でのびのびすることなんてないんですよ。放っておいたらどこでも触って、刃物のひき出しでも開けてしまいかねないし、ひっきりなしに困ったことをしでかすものですから。でもこれじゃ、巨大な顕微鏡か何かの下に置かれて、みんなで寄ってたかって観察されてるようなもんですよ。

毎日そんな具合ですから無理もないことですけど、本人もかなり自分の態度のことは気にしてましてね。けど考えてもみてください、息子はまだ六つなんですよ。ぼくもしょっちゅう、これでいいのかって思っちゃう。「もう、放っておいてやろうよ。火のついた爆弾みたいに扱うんじゃなくて、ふつうの子と同じように接してやろうよ」って言ってしまいたくなるんです。

息子のようすを見てて、ああ、ぴりぴりしてきたな、つらそうになってきたなと気づいたら、外に行かせて、好きなだけ走り回らせてやることにしてます。子どもなんだから、子どもらしい自由を味わわせてやりたくてね。あの子は、周りから浮かないように、なじむようにって、すごいプレッシャーがかかってるんですから。

前は、宿題のとちゅうで気が散って遊びだしたりしたら、どなってました。怖い思いをさせて、集中させようとしてたんです。でも今はどなったりしません。ぼくもわかりましたから。いったん集中がとぎれてしまったが最後、言われたことをこなすのは無理なんですよ。だから今じゃ、いったん遊びに行かせることにしてます。そうやってリラックスして帰ってきて、もう一回集中すればいいんです。

特別なニーズのある子どもを育てることには、プラスの面もある。わが子を支える上で、これまでになかったようなテクニック、新しいやりかたを工夫するチャンスがたっぷり与えられるのだ。ADHDの子どもたちは、実にたくましく、回復力があり、広い心で親を許してくれる。そんな経験を、あるお父さんは次のように語ってくれた。

ぼくはティムからいろいろ学ぶことになりました。自分という人間についても、人を許すっていうことについても、ずいぶん教えられました。

今でも忘れられないできごとがあります。その日は特に大変な日で、ティムの態度やら何やら、いちいち気に障って。ぼくは寝るまでずっと不機嫌で、息子にも冷たくあたってたんです。

さあ寝ようと思って寝室に入ったときも、まだ気持ちはおさまってませんでした。あいつにも腹は立つし、自分の態度も情けないし。ところが、寝るしたくをしてたら、枕のとこに何か置いてある。ティムの描いた絵でした。人が二人。片方は大きくて、もう一人は小さい。二人は手をつないでて、周りは木やら花やらに囲まれてる。「パパはだいじななかよし。ごめんなさい」って書いてありました。「なかよし」と「ごめんなさい」は字がまちがっていましてね。字もちゃんと書けないし、絵も苦手なのに、勇気を出して描いてくれたんですよ。

あいつにとって、これを書くことは、危険な橋を渡ることでした。なぜって、その日ぼくが怒ってた理由の一つは、あいつがよく字をまちがうことだったんですから。怠けてるから覚えられないんだと思ってたんです。

あいつの絵に描かれてるのは、ぼくたち二人でした。何の心配もしなくていい魔法のような世界で、二人仲良く一緒にいる姿です。ベッドの端に腰を下ろすと、泣けてきました。あいつには、自分の行動をコントロールすることはまだ無理なんだ。でも、ぼくはやろうと思えばできたのに。あいつはわざとぼくを傷つけようとしたわけじゃない。なのにぼくは、あいつを苦しめたかった。あいつはぼくを許してくれたのに、ぼくは許さなかった。息子は八歳。ぼくは四二歳ですよ。

子どもとの接しかたを改め、これまでとはちがう父親になることは、いつでもできる。一瞬一瞬が、生まれ変わるチャンスなのだ。

このお父さんは、同じインタビューの後半で再びこの話にふれて、この瞬間こそ自分にとってのターニングポイントだったと語っている。息子への見かたや接しかたを変えようと思っても、最初はなかなかうまくいかなかったそうだが、時間をかけ、努力を重ねるうちに、息子がかんしゃくを起こしても、前向きに対応できるようになってきたという。

怒りはマグマのように

怒りは実に強烈な感情で、とかく関係を壊したり、人を傷つけたりすることにもなりやすい。怒りとは本来、生き残るためのメカニズム。人間にとってなくてはならないものでもある。だが、じょうずに制御しないと、対人関係で失敗したり、自分を価値ある存在と感じられなくなったり、大切なものを失ったりする危険もつきまとう。

怒りの役目は、一種の警戒警報だといえる。「外界に何かストレスになるものがあるぞ」と知らせてくれるのだ。ストレスの原因は、上司かもしれないし、割りこんできた車かもしれない。ＡＤＨＤのわが子のこともあるだろう。

ここですべきことは、怒りを根絶することではない。怒りの主人になることだ。さもないと、怒りが主人になり、支配されてしまう。あるお父さんは、息子にひどく腹が立ち、怒りが限界を越えてしまったときのようすを、次のように語っている。

　熱いマグマのようなものが上がってきて、頭まで達したような感じでした。理性なんてこれっぽっちも残ってなかった。自分の腹立ちを、とにかくそのまんま息子にぶつけるばかりで、息子の心はずたずたの空っぽになってしまったんです。

怒りは初期警報だ。何か（あるいは誰か）が原因で、自分が防御態勢に入っていることに気づかせてくれる。怒りを感じるということは、楯をかかげ、剣を構え、ことがあれば切りつける用意ができているしるしなのだ。怒りをやわらげるには、それなりのスキルが必要になる。このスキルが足りなければ、怒りの方が強くなって、持ち主である人間をしのいでしまう。大切な信号だったはずが、外敵になってしまうのだ。
　親が本気で全身の怒りをぶつけようものなら、子どもたち――とりわけＡＤＨＤのある子どもたち――などひとたまりもない。子どもが混乱してバランスを失っているときは、親の怒りはしっかり統制しておくべきだ。その方が、子どもにバランスを取り戻させる上ではプラスになる。
　あるお父さんは、自分の怒りを制御することをなかなか覚えられず、苦労した経験を語ってくれた。

ぼくが怒りっぽいのは、ずっと昔からのことです。それも、相当ひどいって言うべきでしょうね。マークと同じで、ぼくもADHDでしたから、いつもみんなに叱られていましたよ。勉強は苦手で、ずっと友だちと遊ぶか、スポーツばかりしてました。劣等感の強い方で、誰を見ても引け目に感じてましたね。こんなこと人にはめったに言いませんけど、当時はずっと、そんな感じだったんです。両親は何とかぼくのことを理解しようと手を尽くしてくれましたが、ぼくみたいな子を育てるのは大変だったと思います。

ぼくはカッとなりやすいたちで、放っておいたら今にも爆発しそうでした。だから、激しいスポーツや、スリルのある危険な趣味なんかでエネルギーを発散してました。スカイダイビングとか、ハンググライダーとか、ロッククライミングとかね。子どものころも若いころもずっと、いつもひどく腹を立ててました。理由はうまく言えませんが、とにかくそうだったんです。でも、怒りはひたすら内側に隠して、外見上は、気のいいのんびり屋を装ってました。本心はちっとものんびりなんかしてなかったんですがね、まわりにとけこむために演技してたんですよ。何でも賛成するイエスマンで。

そうやって抑えこんできた怒りとストレスが飛び出すようになったのは、マークが生まれてからのことです。マークはすてきなやつですが、どうもぼくの痛い所にまともに触れるもので、思わず腹が立ってしまう。ずっと長いこと、ぼくは両極端を行ったり来たりしてましたね。心配して過保護になったかと思うと、カッとなって腹を立てて。ぼくにとっても息子にとっても、健全な関係とはいえませんでした。

ぼくのかかってたカウンセラーの一人に、こんなことを言われたことがあります。マーク君が行動をうまく制御できずにいるのを見ると、お父さんの中に眠っていた未解決の怒りが呼びさまされるんじゃありませんか？　それは、お父さん自身も、自分で自分を制御するのがへたで問題をかかえているからですよってね。そう言われるととても納得がいくんですが、かといってどうすればいいのかまではわかりませんでした。

今でも、マークに刺激されて、ぼくのいやな面が出てしまうことはあります。ある日の晩のこと、あいつが何かやらかして、うーん、それが何だったのかさえ覚えてない、それくらいささいなことでした。なのにぼくはキレてしまって。そのときは、現実との接点をなくしてました。マークをつかまえて、ぶん殴って、床に叩きつけた。心臓が飛び出しそうでした。息子は部屋のすみっこにうずくまって、お気に入りのぬいぐるみを抱きしめて、すっかり打ちひしがれた表情で、何やらぶつぶつ独り言を言ってる。もう死にたくなりました。こんなこと、二度とくり返したくない。そう思いました。

カウンセラーに会うようになって、ようやく気がついたことなんですが、「ぼくが先にやったことを、あいつがまねる」っていうパターンがあちこちで見えてきたんです。前は、ぼくが先に怒りだすと、あいつもつられて怒ってたんです。あいつもぼくと同じで、怒りっぽいし、すぐすねるし、一緒にいてもあんまり楽しめなかった。

今は、ぼく自身も怒りをコントロールすることを練習中です。マークのやることに腹が立ったら、怒る代わりに、そのことを説明するようにしてます。そしたら息子も、前みたいに不機嫌じゃなくなってきたし、腹を立てることも減ったんですよ。

これまで、怒りを有効に使う方法なんて習ったこともなかった。正しく利用するなら、怒りってのは健全なものなんだってことも、教わったことがなかった。ぼくはずっと、自分の怒りが怖くて怖くてたまらなかった。ぼくだけじゃない、妻も、子どもたちも、ぼくの怒りを怖がってた。でも今になって、ようやく、自分を統制してるって感じがわかりましたよ。

今でも、腹が立つことはありますけどね。マークもまだ、おびえて後ずさりしたり、顔をそむけたりします。それを見たら、ハッとしますね。すぐに目がさめます。落ちつきをとり戻して、息子に言い聞かせるんです。お父さんは怒ってるんだよ、元に戻るには、こうすればいいんだよってね。あるいは、もっと腹立ちがひどいときは、家内にバトンタッチします。頭が冷えて、もっと物ごとを広い視野で見られるようになるまで、休憩するんですよ。この方法はうまくいってると言っていいと思います。

失敗しても、取り戻せばいい

これまで、たくさんの父親に話を聞く中で、はっきりとわかったことがある。ＡＤＨＤに対する父親の意識が変わり、ひとたび「自分たち父子がうまくいかないのは、自分のせいでもなければ息子のせいでもないんだ」と気づいてしまうと、悪循環のパターンが崩れはじめるのだ。これまで、けんかの引き金になるようなやりとりが癖になっていた親子も、意地になって勝ち負けにこだわっていた親子も、古いパターンの呪縛から抜けだせるようになっていく。

新しい親子関係、これまでより強固な関係を打ち立てようと思ったら、まずは父親が一歩先んじて、新しい態度を持ち込まなくてはならない。息子がこれまでどおりの古い行動をとったときに、新しい対応法でこたえるのだ。

父親が態度を変えたからといって、息子の反応はすぐには変わらない。ところが、息子が「これはどうやら本物らしいぞ」「長続きしそうだな」と思うようになると、問題行動が目に見えて減りはじめる。たまに問題が起きても、短時間でおさまるようになる。

子どもに、自分から自然に変わってほしいと望むのは無理な相談だ。まずは父親が発想を転換し、ＡＤＨＤゆえの問題行動に対する対応を改めれば、それがきっかけとなって、二人の気持ちも関係も変わっていく。

ＡＤＨＤの子にかかると、両親も、学校の先生も、同級生も、とかく激しい感情に襲われることになる。ＡＤＨＤがらみのトラブルを理解するには、地震になぞらえて考えるのがわかりやすいのではなかろうか。地震は思いがけないときに起こり、しかもまたたく間に広がる。揺れがおさまってみると、あちこちに被害の痕が見つかる。被害の大きさを決めるのは、地下を走っている断層がどれくらい大きくくずれたかだろう。断層のずれが大きければ大きいほど、被害も大きくなる。

とはいえ、地震に対する備えには人によって幅がある。激しい揺れにも耐えられるよう、土台や柱の丈夫な家を設計する人もいる。こんな家なら、地震に遭っても、被害は最小に抑えられるだろう。かと思えば、「どうせ来るときは来るんだ。何をしたってしょうがないさ」と言って、ろくに備えなどしない人もいる。いざことが起きれば、このタイプの人々の方が、損失は大きくなりやすい。

ＡＤＨＤゆえの問題行動から来る感情の揺れも、これに似ている。準備をしていれば――「この子はわざとやっているのではない」と知っていれば、妻やパートナーと協力態勢ができていれば、「こういう対応をするぞ」とあらかじめ心に決めてあれば――衝撃はかなりやわらぐし、苦痛も軽くてすむ。

衝撃をやわらげる備えをし、後始末のやりかたを覚えるのは、一朝一夕にできることではない。時間をかけ、じっくり考えなくてはならないのがふつうだ。

バリーのやることにいらいらするようになったのは、あいつが二歳半のときでした。それこそ休みなく走り回っていて、「やめなさい」って言っても聞いちゃいない。意味もわかってないらしい。よく「二歳時代は大変」って言いますけど、大変なんてもんじゃない。悪夢でした。ぼくはストレスでぼろぼろ。バリーのやることなすこと、カンに障ってしょうがない。おかげで、ぼくと妻の間もぎくしゃくしてきて。

そんなある日、母にこんなことを言われました。「あんたが小さいときもこんなふうだったのよ。ほんとによく似てるわ」ってね。まじめな話、これだけは死んでも言われたくない一言でしたね。ぼくの子ども時代はつらいものでした。だからこそなおさら、息子には同じ思いをさせまいって思ってたのに。

でも、このことをもっとつきつめて考えてみたら、やっぱり納得がいきましたよ。それに、自力でがんばっても、どんどんひどくなる一方でしたしね。ぼくも子どものとき何か問題があったんだろう。だとしたら、あいつもぼくと同じ問題をかかえていたっておかしくないってね。

バリーは今、八歳になります。あいつを見ていると、「この子にだけはこんな思いをさせたくない」って思ってたパターンが、いくつも見えてくるんです。自尊心は低いし、自分で自分のことを悪い子だと思いこんでる。女房もぼくも、あいつを世の中から、世の中の目から守ってやろうと思って必死にがんばってます。でも、親がどんなにがんばったところで、どうしても守りきれないときはある。

あいつもだんだん知恵がついてきてますから、自分の行動パターンや態度が、まわりに言われるとおりだなってわかるようになってきて。そんな周囲の目に耐えるのは、そりゃあ大変だろうと思います。ときには耐えきれないこともあるようですね。こんなことも言うんですよ。「ぼくはバカだから」とか、「ぼくはきっと知恵遅れなんだと思うの。だってうちのクラスには、ぼくみたいに失敗ばかりする子なんてほかにいないもの」とかね。

今じゃ、本人も自分の問題を自覚してます。子どもがこんな思いをしてるなんて、見てる方もつらいですよ。だってバリーは、本当はいい子になりたくてなりたくてたまらないんですから。

ADHDのある子を育てるのは、確かに楽なことではない。でもこれを、〈重荷〉と受けとめるのと、〈自分を鍛えるチャンス〉だと考えるのでは大きく違ってくる。子育てが〈歯ごたえのある課題だ〉と思えるようになると、無限の可能性が広がる。

ここで頭を切りかえるには、ちょっとしたパラドックスが必要だ。わが子と本当に親しくなりたかったら、そして、わが子を自分を大事にできる子に育てたかったら、まずは父親であるぼくたちが力を抜かなくてはならない。かたく握りしめていた拳《こぶし》をゆるめ、恐怖や怒りを手放さなくてはならないのだ。

親が恐怖や怒りにとらわれていたら、結果は二つに一つ。子どものすることを異常なまでに監視し、過剰な罰を加えてしまうか、さもなければ、わが子に近寄ろうとせず、子育てを人任せにしてしまうか、両極端だ。

怖がっている人には、「これは自分を鍛えるチャンスだ」「歯ごたえのある課題だ」などという発想をするのは難しいだろう。恐怖を感じているときの行動は、とかく防御反応に縛られやすい。悲鳴をあげる、どなる、つかんで引きずり回す、殴る——どれも、ヒトがわが身を守ろうとするときの原始的な反応だ。

目の前の状況を「やり甲斐のある課題だ」と思っていると、目標から目がそれにくい。目標は勝利。達成。そう、息子たちに果たしてほしいと望むのも、やはり同じ目標ではないだろうか？それぞれの能力に応じて、勝者になってほしい。それぞれの目標を達成してほしい。子どもたちにも、そう願っているのではないだろうか？

表の8を見てほしい。父親が応援して、わが子に少しでも多く成功体験を積ませるためのヒントをいくつかまとめてある。

表8　息子に成功体験を積ませるため、父親にできること

●「父さんはお前を愛しているんだよ」「お前ならきっとやれると信じているんだよ」という面を目立たせる。そのためには、「ちょっとした成功」を見つけて注目し、大いにほめること。そうすれば、子どもも力を出せそうな気分になるものだ。

●何か問題が起きたら、「一緒にいい方法を見つけよう」と誘うこと。こうすることで、息子には、「ぼくの意見も大事なのか」「ぼくの気持ちも聞いてもらえるんだな」というメッセージが伝わる。

●トラブルがエスカレートしてきたときは、あわてず騒がず、息子をよそへ連れ出し、現場から引き離す。落ちついたところで、どんな解決法があるか話し合う。選択肢を並べ、比較する。「どんな人間関係でも、双方のギブ&テイクが大事なのだ」という点を強調する。

●親がまちがっていたときは、正直に認めること！「人は誰でも失敗をするのだ、だからこそ、どうすればいいか考えなくてはいけないのだ」と息子に理解させようと思ったら、まずは親が手本を見せなくては始まらない。（例をあげよう。「お前が悪いことをしたからっていって、叩いてしまったのはパパが悪かった。申しわけない。パパはね、ものすごく腹が立ったものだから、ついカッとなっちゃったんだ。パパの失敗だよ。これから、怒りともっとじょうずにつき合う方法を、一所懸命に練習するって約束するからね」）

●それぞれの問題行動に対して罰を決めるときは、単純明快でわかりやすく、かつ、度を越さないものを選ぼう。たとえば、うっかり下品なことばを口走ってしまっただけのことで半日の謹慎を言い渡したのでは、挽回しようという意欲をそいでしまう。突き落とすなら、かならずパラシュートを背負わせてやること。

挑戦から逃げず、課題をしっかり受けとめれば、ぼくたちは一回り大きくなれるし、子育てでも大きな成果となって返ってくる。

たとえば、九歳の男の子を育てているあるお父さんは、次のように語っている。

目下の課題は、ピートが中学校に上がってもだいじょうぶなように、備えをさせてやることですね。これからは、もっと難しい選択を迫られることが増えますから。ガールフレンドのこと、ドラッグのこと、いろいろあるでしょうから。

これは本当に、ぼくも性根を据えてかからなきゃって覚悟してます。今やってることの結果は、数年のうちにはっきりするはずです。あいつがこういった問題に出会うころにね。今ぼくがあいつと一緒にすごす時間は、そのための基礎づくりだという気がします。あいつがもっと大きくなったときに、しっかりした、責任のある選択ができるように、土台を固めてるんですよ。

ぼくが子どものときは、父と一緒にすごすことなんてほとんどありませんでした。だからそれだけで、ピートと一緒にすごすのがどれほど大事なことか、ひしひしと感じます。あいつの人間としての成長にもぼくは深く関わってるし、あいつが大事なことを決めるときには、しっかり支えてやります。あいつの出した結論があんまりいいものじゃなかったとしても、話し合いの材料にします。次はどうしたらいいか、じっくり相談するんですよ。これをやるには手間がかかりますが、それだけのことはあります。それともう一つ、ピートのできること、得意なことを大事にするってことですね。どちらも、結局は得になる。

息子はADHDではあるけれども、年の割にしっかりしてるところもあるんです。道義心の強さが見えはじめてるし、賢い選択と愚かな選択の区別もつきはじめている。もちろん人間は誰だって、選択を誤ることはあります。後になって、ああしとけばよかったって思うこともあるでしょう。でも大事なのは、次に同じようなことがあったら、どうするかってことなんですよ。

第4章　夫婦の関係や他のきょうだいを犠牲にしないために

ＡＤＨＤの子どもを育てているうちに、夫婦の仲や家族の関係がきしんでくることがある。わが子がＡＤＨＤとなると、両親はよほどこまめに連絡をとり合い、方針を話し合うしかない。暗黙の了解をあてにするのはやめよう。この子たちには、「適当にやれば何とかなるだろう」は通用しないのだから。

両親がよく話し合えば話し合うほど、そして、互いに正直になればなるほど、子育てのストレスで二人の仲がぎくしゃくせずにすむものだ。

子育てのストレスから夫婦の仲を守るには

両親の子育て方針があまりにもかけ離れていて、しかも、どちらも自分のやりかたにこだわって譲ろうとしないと、夫婦の仲まで危うくなりかねない。波長の合わない相手と結婚生活を送るのはつらいものだ。ＡＤＨＤの子どものいる家庭では離婚率が高いことがわかっているが、その理由の一つには、子育てのストレスもあるのかもしれない。

アーロンのことにかけちゃ、女房の方ががまん強いんですよ。いや、がまん強いっていうより、寛容だって言った方がいいかな。おれなら絶対に許さないのに。最初は辛抱するけど、じきにがまんがならなくなる。いい加減にしゃきっとしろ、何でもいいから心を入れかえればいいだろって言いたくなる。

女房はアーロンに腹を立てても、あんまり引きずらない。おれはまだむかむかしてるのに、いつの間にか話は終わってる。おれは根に持つ方だからね。それが女房には気に入らなくて、怒りだす。おかげで、二人の仲はぴりぴりしてしまう。

女房の方が正しいのはわかってるんですよ。でもおれにとっては、アーロンのふるまいをそう簡単に忘れるなんて無理なんだ。恨めしいんですよ。あいつが無礼なことも、すぐ取り乱すことも。とにかく恨めしくてしょうがない。そのせいでしょうね、おれは怒りを表に出したくて、かんしゃくを起こしてしまう。でも、これをやっちゃうと、ことはよけいにこじれるし、夫婦仲だって悪くなる。

両親の不和を目の当たりにしている子どもたちの中には、親の不仲につけ込んで、ちゃっかり自分の欲求をかなえるテクニックを身につけてしまう子もいる。こうなると、家族の歪みも、両親の関係も、ますます悪化してしまう。

こんなことになるくらいなら、両親が互いに助け合い、賢い子育てテクニックを合作であみ出す方がずっといいに決まっている。

うちの場合、嫁さんは脅し専門で、ぼくが叩く専門なんですよ。嫁さんは口だけで実行しない。ぼくはあんまり予告しないでいきなり叩いちゃうし、話し合いも足りない。どっちのやりかたもダメなんですよね。ぼくはぼくで、嫁さんが一度言ったことは実行してくれたらいいのにと思うし、向こうは向こうで、もっと口で説明しなきゃ、子どもに選ばせなきゃって言う。

おかげで、子どもをしつけなきゃいけないはずのときに、話がズレていっちゃうこともしょっちゅうです。息子たちのやったことを話題にしてたはずなのに、いつの間にか、お互いのやりかたのことでけんかになってたりね。こんなのおかしいですよ。二人がばらばらのやりかたでやってるなんて。こんなことしてるより、二人で協力した方がいいに決まってる。その方がずっとすんなりいくし、結果だっていいはずでしょう。

「この人の子育て方針は自分とはちがう」「この人の方が、自分よりも問題行動に厳しいみたいだ」――そう気づきながらも何の手も打たず、お互いの思いをそのまま放置していたのでは、夫婦の関係が悪くなってしまいかねない。次に紹介する例のように、父親の方が寛容で、母親は人前で問題行動を見られるのを恥ずかしがっている家庭もある。いずれにせよ、二人の子育てスタイルがちがうのであれば、何かあったときにはどうやって話し合うか、どんな対応をするか、日ごろから話し合って、方針を決めておかなくてはならない。

ちょっと痛快な話があるんですよ。ぼくは友だちと二人で、子どもたちを連れてショッピングセンターに行ったんです。そしたら、デニスのやつがそれはすごいかんしゃくを起こしましてね。ちょうどエスカレーターに乗ってるときだったんですが、上の階で若い女の子がじっと見てたんです。デニスの方を見て、「何あれ、信じられないわ」って顔をしてる。だからぼくは、女の子の顔をまっすぐ見つめて、「いい子でしょう。うちの子なんですよ」って言ってやりましたよ。ぼくはね、知らない人にじろじろ見られたら、こうすることにしてるんです。

もちろん、家内じゃこうはいきません。家内だったら、すぐに車に乗りこんで、まっすぐ家に帰りたがるでしょう。恥ずかしがるんですよ。おかげで、夫婦そろってデニスを連れて出ると、ぼくらはうまくいかなくてね。それじゃあデニスにだって良くない。

家内はだんだんかりかりしてくる。ぼくはひたすら逃げよう、ごまかそうとする。それでなおさら家内を怒らせてしまう。家内の味方になってやらないから。ストレスを軽くしてやらないから。

チームワークのうまくいっている両親なら、どちらか一方にストレスがかかりすぎてきたときには、もう一人がすかさず交替することができる。どんな家庭でも、たまにはストレスのひどいときがあるものだが、ＡＤＨＤの子がいるとなればなおさらだろう。「こんなときは交替を頼もう」と日ごろから決めてあると、必要以上にストレスをためこむことも避けられるし、夫婦のコ

ミュニケーションもスムーズになるものだ。

ロブが困ったことをすると、家内はひどくいらいらしてしまうんです。だから、ぼくがとちゅうで割りこんで、仲裁してやることがよくあります。とりあえずロブをよそに連れ出せば、その場はおさまりますからね。家内も、ありがたく思ってるんじゃないかな。張りつめてた空気も、少しは和らぎますし。

二人の得意分野をよく知り、お互いに認め合うことも、いざこざを減らす役に立つ。次に紹介する例では、母親の方が子どもと接する機会が多く、息子の気持ちをよくわかっているという。父親もそのことを認めており、何かと妻の判断を優先するようにしている。その方が、子どものためにもなるし、夫婦の間柄もうまくいくとのことだ。

ベンは困ったことがあればぼくよりも妻を頼りにするんです。それに、妻の方がベンのことをよく知ってるし、ベンの扱いも心得てる。接する回数がちがいますからね。息子が、ルールを曲げてもらえないかなと思ったり、どこまでなら叱られずにすむか試してみようとしたり、そんなときも、狙われるのは妻です。

息子が何かつまずいてるときは、妻の意見に従うことが多いですね。そりゃ、「ぼくなら別のやりかたをするのに」って思うこともないわけじゃありませんが、そんなことで仲間割れしてたってしょうがないですから。たいていは妻に合わせて、ぼくは協力に回る。これでけっこうバランスがとれるんです。

父親と母親の信じるしつけの方針が互いに矛盾していると、夫婦の衝突の元になる。ADHDの子が荒れているときは、親だっていらいらして感情的になっている。だから、双方が「こっちのやりかたの方が効果があるんだ」といって、論争を始めてしまうのだ。しつけについては、日ごろから話し合って、結論を出しておこう。そうすれば、いざというときに助け合える。思わず頭に血がのぼってしまっても、仲間割れを避けやすい。

ブライアンのADHDのおかげで、夫婦の仲はかなりぎくしゃくしてしまいました。ぼくと家内では、ブライアンが荒れてるときの対応がまるでちぐはぐなものですから。ぼくが大声を出したり、怒ったりすると、家内が助け船を出しちゃうんです。おかげで息子は、悪いことをしておきながら、罰も受けずにうやむやになる。それでぼくはますますカッとなって、今度は矛先を家内に向けてしまう。

要するに、ぼくたち二人の間で、バランスを見つけなきゃいけないんですよね。ぼくらだって一所懸命、話し合ってるつもりなんですよ。ブライアンを育てるには、どうするのが一番いいんだろうって。ぼくたち夫婦がこんなことになったのもブライアンのせいじゃないかって思うと、ちょっぴりあいつに腹が立つところもありますね。

ぼくに言わせりゃ、家内はお人好しすぎる。だからどうしても息子になめられちゃう。ついずるずる譲ってしまう。譲りに譲って、そのうちにがまんしきれなくなって、いきなりキレる。そうなると、ぼくはブライアンを助けに入る。

ぼくたちはまだ、何とかバランス点を見つけようと、試行錯誤してるところです。息子に振り回されて、仲間割れせずにすむ方法はないかってね。

ところで、わが子に向いた子育て方法を見つけようと思ったら、まずは、両親がそろって「うちの子はADHDなんだ」と受け入れていることが大前提となる。どちらか一人でも診断に納得していないようでは、しつけの方針で合意に達するのはかなり大変だろう。

ADHDのある子どもを育てるには、両親が力を合わせるばかりでなく、それを子どもにもはっきり示す必要がある。子どもの前では、両親はあくまでも「一枚岩」でなくてはならないのだ。次に示す例を見てほしい。二人が日ごろからよく話し合って、お互いに協力し合おうという約束ができていれば、こんなことができるというよい例だ。

このように、夫婦の間がしっくり行っていれば、子どもが両親のいがみ合いのとばっちりを受ける心配もない。

女房とぼくがお互い気をつけているのは、それぞれ、もう一人の言ったこと、やったことをひっくり返さないってことですね。

日によって、女房も荒れる日がありましてね。女房が夜勤明けで睡眠不足のときに、トロイも学校で同級生とけんかして帰ってきたり、そんなことだと思うんですが。そんな日は、トロイがジュースをこぼしたりして、それが女房のカンに障る。彼女ももうぎりぎりなんですよ。

そんなところにぼくが帰ってくるでしょう。ぼくだって一日働いて、やっと家族の顔が見られるぞと思って家に着いてみたら、中じゃ大騒動ってわけです。とはいえ、ぼくは外から帰ってきたばかりで、ずっとこの騒ぎにつき合ってたわけじゃないから、その分、冷静に対処できる。女房を解放してやるにはちょうどいいんです。

女房はいい加減にうんざりしてるから、こんな子、一生自室謹慎よって言いたいところでしょうけど、ぼくはしばらく息子と一緒に座るだけ。目は離さないけど、何か集中できそうな作業を与えて、ようすを見る。この方法が実によく効くんです。これだとけんかにもならないし、女房の顔もつぶさずにすむ。トロイは閉じ込められずにすむ。

逆に、女房がおんなじようにしてぼくを助けてくれることもあります。こうやって二人が手を組むことで、今のところうまくいってます。うちの子はとにかく活動量がすごくてよく動きますから、こうして協力してないと、通用しませんよ。

どんなときに手を貸せばいいのか、いつ助けを求めたらいいのか、双方がタイミングをよく知っていると、お互いにぎくしゃくせずにすむし、一方にばかり過重な負担がかかりすぎずにすむものだ。
また、しつけについて二人で意志を統一し、首尾一貫した態度でのぞめば、子どものためになるばかりか、二人の関係にも良い影響を与える。先の例の夫婦も、はじめから今のように助け合うことができたわけではない。時間をかけて、試行錯誤しながら、現在のバランスを見つけたという。

妻も私も、リッキーの扱いかたはずいぶん上達しましたよ。以前のやりかたのどこがまずかったか、見えてきたんです。
一番身にしみてわかったのは、とにかく首尾一貫。そして、罰を与えるって一度決めたら、かならず実行するってことですね。

夫婦のきずなを強め、いざというときに助け合うためには、さまざまな方法がある。そのいくつかを表の9にまとめてある。

表9　夫婦のきずなを強化するには

●人が親になったときにどんなしつけ法を好むかは、それぞれが子どものときに受けたしつけに影響されているものだ。だから、「自分と配偶者のしつけ観が必ずしも一致しているとはかぎらないのだ」と知っておこう。
●特に意識していないとき、自分はどんなしつけかたをしているか、改めて自覚してみよう。人にはそれぞれに、「自然に出るしつけのクセ」があるもの。自分と配偶者の「クセ」はまず違っていると思っておこう。確かに違っているようなら、どこがどう違うかを知っておこう。
●しつけの方針については二人でよく話し合い、できる限りの手を尽くして、双方が納得できるプランを作ろう。ＡＤＨＤのある子どもがいる場合、両親のしつけスタイルが違うと、夫婦がうまくいかなくなるケースが多い。
●駆け引きをしたり、張り合ったりすることは極力避けよう。そのためには、配偶者の気持ちを認めてやること。
●口頭でも書面でもいいから、「何か大きな問題が起きたら、二人で話し合って、最良の解決法を探ろう」という契約を結んでおく。ふだんから約束しておけば、いざというときにあわてずにすむし、より有意義な協力関係を育てることにもなる。
●状況が許すなら、二人が同時にその場を離れ、別室で作戦を話し合う手もある。頭を冷やすひまが稼げる上、息子に対しては、両親が団結しているさまを印象づけることにもなる。余裕があれば、それだけ柔軟な対応ができる。

秩序ある家庭とは

母親と父親は、家庭の「経営陣」としてふるまうことが大切だ。子どもたちの意見や要望は聞くべきだが、最終的に裁決を下すのは両親でなくてはならない。

ＡＤＨＤの子を育てる親たちの中には、ＡＤＨＤゆえの問題行動にふり回されてしまう人もいる。自分たちの家庭で、親は自分たちだというのに、ちっとも思いどおりにならないのだ。両親が主導権を失わないためには、それなりのガイドラインがある。これから紹介する二家族の例が参考になるだろう。

わが家では、子どもたちに好き勝手はさせません。どんなことをやろうか、活動内容はみんなで考えますが、最終的に結論を出すのは妻と私です。子どもたちも、わが家の秩序は心得てますし、ことの流れもよく知ってます。

私たちが心がけてるのは、なるべく誰にでも先の見通しがきく環境を整えようってことですね。学校から帰ってきたら、最初はちょっと外で遊んでもいい。夕食の時間は、私が帰っている限りは、なるべく動かさない。宿題は妻が手伝うことになってますが、それもだいたいは同じ時間にしてます。寝る時間も、ウィークデイはずっと固定してます。その代わり、土曜の朝は好きなだけ朝寝坊してもいいって決めてあるんです。

近所に遊びにいくにも、無断では行かせません。ショッピングセンターや、お友だちの家も同じです。課外活動や習いごとはいろいろやらせてますが、本人がやりたがるからって何でもいいとはいきません。家の外でやる活動は、よくよく考えた上で決めませんとね。

こうして枠組みがしっかり決まってると、どんな子でもうまくいきますが、とりわけパットは助かるようです。少しでも秩序の見えないところがあると、パットにはちょっと負担になるようです。

アレンには、責任者はママとパパだぞってところをきちんと見せておかなくてはいけません。親子があべこべになっては困りますからね。わが家を動かすのはぼくたちです。それが息子にも伝わるようにしないと。うちには子どもが三人いますが、子どもが支配者になるなんておかしいことです。

ぼくたちは、何か口にするときは、必ず本気です。それはアレンもよくわかってます。言われたことをやらないのは本人の勝手ですが、その代わり、あとで、楽しみにしてたことができなくなる。何か言いつけるときは、そうやって「どっちがいい?」と言って選ばせるようにしています。「自分で選びなさい。今すぐやるか、テレビの時間にやるか、どっちかだよ」ってね。

アレンは自分で自分を抑えられなくなることもありますが、そんなときは、「みんなと一緒にいるのは無理なようだね」と言います。そうしたら、あいつは部屋を出て行くことになってます。自分の部屋でもいい、どこか別の場所へ行って、落ちつきをとり戻すまでじっとしてる。これをやろうと思ったら、常に同じ対応をすること、それに、一度言ったことは動かさずに貫くことが大事です。

ADHDの子の情緒面でのニーズを計算に入れて、自分たちの家庭に合った秩序をうまく築こう。これができれば、家族全員のストレスが軽くなるし、子どもの機能レベルも上がる。子どものニーズを計算に入れるといっても、その子が家の中心になるわけではない。子どもが秩序を決めるわけでもない。その子の弱点を考えて、情緒面・行動面で崩れやすい場面を最初から作らないように、環境を設計しようという意味だ。

フィリップに接するときは、あまり杓子定規なやりかたはしてませんね。情緒面での発達レベルを考えて、レベルに合わせた対応を心がけてます。

気をつけてないと、つい忘れてしまうんですよ。この子には医学的な問題があるんだってことをね。うっかり無理な要求をすると、かえって目的が果たせないことになります。

本人のようすをよく見ることですね。行動や感情なんかを注意深く見てれば、こんなときはどうするのが一番いいか、自然と見えてくるものです。ぼくらの考えで正しいこと、ぼくらの感覚でしっくりくることでも、フィリップのような素因のある子には的外れかもしれませんからね。

共働き家庭では？

両親がともに外で勤めている家庭では、毎朝のしたくと登校・出勤は大変なプレッシャーだろう。朝の忙しさは、両親だけでなく、子どもたちにとっても負担だ。

少しでもストレスが少なくすむよう、手順を工夫し、パターン化してしまおう。ＡＤＨＤのある子どもを育てる上では、毎日の用事をスケジュールに組みこんでしまうと実に効果がある。


わが家の日常生活ときたら、問題だらけです。たとえば、着替えがそう。あるとき、息子の心理士に質問されて、思わずハッとしましたよ。「レス君は、一人で服が着られますか？」ってね。うちじゃ、女房は病院で働いてて、週に三回は夜勤です。子どもたちを風呂に入れるのは朝、ぼくの担当です。それから全員に服を着せて、自分も出勤の準備をする。風呂と着替え、一時間かそこらで、三人分ですよ。レスにゆっくりつき合って、シャツはこうして着るんだよ、ズボンはこうしてはくんだよなんて教えてる暇はありません。五分で着替えさせないと間に合わないんですから。

服が着られるかってきかれたのは、問診の一環で、発達の度合いを知るためだったんですけどね。でも困りました。あいつだって服の着かたは知ってると思うんですが……。シャツを脱いでるとこは見たことがあるし。パンツをはいてるとこも見た覚えがある。でも朝は無理です。五分ですませようと思ったら、ぼくが着せてしまうしかありません。

毎朝のストレスを少しでも軽くするには、家族で話し合って、しっかりしたプランを作るといい。そのためのヒントを表10にまとめてある。

表10　朝に少しでも楽をするコツ

●誰か一人を朝のしたくの責任者に任命してしまう。あるいは、それぞれの分担を決める。たとえば、「パパは子どもたち着替えと歯磨き、薬の係、ママは朝ごはんと車の係」と決めればいい。子どもたちにも、毎朝、何と何をしなくてはならないか、全員に周知徹底しておくこと。

●毎朝のスケジュールを書きだして、みんなが見やすい場所に貼っておく。スケジュール表を書くときは、息子にも参加させよう。まだ字の読めない子どもがいるなら、絵を使えばいい。

●用事を一つずつに分けて、予行演習をしてみる。このときに所要時間を測っておけば、朝はタイマーを使うことができる。いろいろと工夫をこらそう。朝のスケジュールを、BGMと一緒にテープに録音している家もある（たとえば、「曲がマーチに変わる前に全員がテーブルにつかなくてはならない」と決めておけばわかりやすい）。

●前の晩にしておけることは、できるだけたくさんすませておく。たとえば、弁当を作る、時間割に合わせてかばんの中身を確認する、みんなの着る服を選んでそろえておく。入浴やシャワーも夜にすませることにすれば、それだけ朝に余裕ができる。
●朝、みんなが持って出る物をまとめて置く場所を決めてしまう。書類かばん、通学かばん、弁当、楽器、体操服など、何でもそこに集める。たとえば、玄関のドアの脇に大きな箱を置いてもいいだろう。各自、寝るまでには必ず持ち物をそこに置く決まりにする。

ADHDのある子どもの精神状態は、父親が積極的に関わっているかどうかでもかなり変わる。次に登場するお父さんの場合、仕事が忙しすぎて、家庭の現状もよくわかっていないし、息子が今どんなことに苦労しているかも知らないという。そして、息子が怒りっぽく、とげとげしいのは、自分があまり家にいないせいではないかと気にしているようだ。また、この家では、家事などの実務の面でも、しつけの面でも、母親にばかり責任が集中してしまっている。

わが家は今、かなりぎくしゃくしてます。まるで統制がとれてない。私があまり家にいないものですから。仕事が忙しくて、なかなか帰れないんですよ。

ですから、マットが今どんな思いをしてるのか、どんなことで困っているのかももう一つよく知りません。本当に、何もかも家内に頼りきりなんです。

マットは頭もいいし、人気もあります。でも、ひどく怒りっぽくてね。私の忙しさのせいもあるんでしょうね。あと、学校でも何かと思いどおりにならないせいもあると思います。

父親が積極的に子育てにかかわり、いつも変わりなく愛情を表現している家の方が、息子のソーシャル・スキルも、学業成績も、家庭での適応も良いようだ。

父親が子育て熱心だと、子どもたちは自尊心が育ち、自信もつく。「ぼくはいい子なんだ」「大事な子なんだ」と実感していれば、ＡＤＨＤゆえの苦労をしても、ダメージをまともに受けずにすむかもしれない。

表11を見てほしい。父親が大いに子育てにかかわっていると、こんなにいいことがある。

表11　父親が子育てに関わると、こんないいことがある

●父親がいつも変わらず、本気で子どもにかかわっていると、子どもには、「自分は大切な存在なんだな」というメッセージが伝わる。これは、ＡＤＨＤゆえのハンディがあろうとなかろうと変わらない。

●父親の温かい目が〈おもり〉となって、子どもは安定することができる。ときおり、Ａ

DHDのために行動が崩れることがあっても、「いつもこんなことばかりではないんだ」と思い直すことができる。
●父親が「お前ならきっとだいじょうぶ」という態度を崩さずに指導を続ければ、子どもも、「ADHDのせいで失敗することはあるけれど、がんばれば乗り越えられるんだ」と思うことができる。
●ADHDには怒りといらだちがつきもの。でも、父親がお手本になって、怒りやいらだちの上手な使いかた、トラブルにならない解消法などを見せてやることができる。
●子どもが「ぼくは大事にされている」と感じていると、行動にも、態度にも、選択のしかたにも違いが出るものだ。

離婚

ADHDのある子どもたちには、とかく気難しい子が多い。ちょっとつまずくと、なかなか機嫌が直らない子もいる。これでは、家族のみんなが巻き添えになってしまう。

そんな子どもを育てる苦労をめぐって、ときには、夫婦の間にヒビが入ってしまうこともある。でも、こういった問題が持ち上がったときこそ、かえって二人の絆を強めるチャンスだともいえる。ADHDゆえの問題に本腰を入れて取り組むとなれば、これまで以上に深く話し合い、緊密な連携プレーを迫られるのだから。ADHDのトラブルから夫婦の間がぎくしゃくすることはあるが、だからといって必ずしも離婚に結びつくと決まったわけではない。

とはいえ、精神的なストレスを終わらせ、こじれた関係を清算するには、「やはり離婚した方がいい」という結論に達することはあるだろう。ただし、そんなときも、結婚生活の破綻をＡＤＨＤのせいにしてはいけない。

そして、夫婦としての関係は終わっても、二人が子どもの父親と母親であることは変わらない。何といっても、二人の間には、育てかたの難しい子どもがいるのだ。離婚したからといって、子育てでは協力をやめるわけにはいかない。子育て場面での指示の出しかた、子どもとの話し合いかたなどを学ぶなら、二人で一緒に勉強するくらいのつもりでいること。離婚した後で、これまで知らなかったしつけテクニックを試してみようという話が持ち上がることもあるかもしれない。別れた妻（夫）がどこかで調べてきた方法に気乗りがしなくても、きちんと耳を傾けること。相談の末、どんなテクニックを選んだにせよ、何よりも大事なのは、二人の方針が首尾一貫していること。相手の意見が通ったからといって、「言い負かされた」などと思っていてはいけない。肝腎なのは親の勝ち負けではなく、子どものために最善の道を選ぶことなのだ。

子どもを引き取ると、日々の子育ての負担の大半が自分一人にかかってくる。だから、一人でがんばらず、外部の援助や応援を頼んだ方がいいかもしれない。サポートグループに参加したり、家族カウンセリングを受けたりするのもいい。また、家族の世話を離れて一人になる時間を十分とることは大切だし、必要でもある。

別れた妻（夫）の不手ぎわや落ち度が目についても、不平は言わないこと。批判するよりも、励ましのことばをかけるか、楽しかったエピソードでも報告しよう。その方が場も明るくなり、相手もやる気がわく。また、子どもの前でもう一人の親を批判するのは厳に慎むこと。子どもの問題行動や離婚をもう一人の親のせいにするのも、子どものためにならない。

子どもが二軒の家を行き来すると決まることもある。そんな場合、子どもがスムーズに移動できるようにするには、親は何に気をつけてやればいいのだろうか？　子どもには、首尾一貫した、揺らがない秩序が必要だ。これはどんな子どもにもいえることだが、ADHDのある子ならなおさらだろう。どちらの親の家に滞在しても、日々のスケジュールや手順がなるべく変わらないようにしてやると、行き来する子どもの負担も軽くなり、行動も乱れにくい。寝る時間、お手伝いの分担、宿題の手順なども、極力統一してやろう。行動療法を行なっているなら、どちらの家に行っても内容や運用が変わらないよう、綿密な打ち合わせをしておかなくてはならない。

離婚に際して約束したことや、子どもの行き来のスケジュールなどは、火急の場合をのぞいてしっかり守ること。子どもを迎えに行く時間、子どもを帰す時間なども、よほどのことがないかぎり動かさない。少しでも変更があるときは、必ず子どもにも連絡する。

別れた妻が子どもを引きとると決まった場合は、父親はときおり日を決めて子どもと面会することになるだろう。子どもが別居の親に会える機会は、たまのことであってはならない。回数は十分多く確保すべきだし、間隔も規則正しい方がいい。また、突然決まるのではなく、子どもが前々から予測できるようにしておくべきだ。そして何より、面会日は、関係者の全員が楽しみにできる「すてきな時間」にしなくてはならない。

離婚をうまく乗りきるためのヒントを表の12にまとめてある。

表12　離婚をじょうずに乗りきるために知っておくと役に立つこと

●親が別れた相手への怒りや憎しみを表現することが少なければ少ないほど、子どもたちの安心感は高まる。

●結婚という形での結びつきは終わっても、両親としての結びつきは終わらない。だから、二人とも、子どもたちのためを考えて力を合わせることができる状態にいなくてはならない。「目的は子どもたちの幸せ」ということを確認して合意に達しておけば、〈できる両親〉を目ざして手を組む気になれるかもしれない。

●同じＡＤＨＤの子どもたちでも、両親の言い争いに巻きこまれていた子、いがみ合う両親の姿をずっとまぢかに見てきた子の方が、そうでない子どもたちに比べ、ことばの上でも、行動の上でも、いきなりキレることが多いし、キレたときの爆発ぶりも激しい。親自身がトラブルを経験しているときこそ、子どもに見られて困らないような態度で解決しよう。親が手本を示すことで、ＡＤＨＤがらみの問題行動は確実に減らせる。

●両親が連絡をとり合う機会は、なるべく回数も多く、ペースも規則正しく。突然決まるのではなく、前々からわかっているスケジュールどおりというのがいい。そして、できるかぎり前向きで友好的なものにしなくてはならない。子どもたちにとって、〈両親〉とよべる存在は自分たち二人しかいないことを忘れないように。子どもたちは今、〈両親〉という存在を失い、その喪失を悼んでいるまっ最中なのだ。

●二人で、「自分と子どもたちとの関係と、自分と相手との関係は、はっきり切り離す」と約束しよう。息子が父親に、母親についての不満を訴えてきたり、母親の批判を口にしていたら、「ママに直接言ってみるといいよ」と勧めること。まずは子どもの気持ちをしっかり聞き、受けとめてやるが、そこから先は、自分の口から母親に話して解決するようにうながしてやろう。

おじいちゃん・おばあちゃんとうまくつき合うには

祖父母をはじめとする親類がＡＤＨＤのことをよく知り、理解しているかどうかで、本人や家族の暮らしやすさは格段に違ってくる。問題を起こしたり、失敗したりするのは本当はＡＤＨＤのせいなのに、祖父母や親戚に本人のせいだと決めつけられてばかりいると、子どもは「ぼくは恥ずかしい子」「みんなわかってくれない」と思ってしまいかねない。

祖父母や親戚がＡＤＨＤのことを知らなかったり、知っていても学ぶことを拒否していたりすると、その子は一族のスケープゴートにされてしまうことさえある。これでは、困ったことや都合の悪いことがあるたび、その子はぬれぎぬを着せられてしまうのだ。

ぼくら夫婦と子どもたちだけをとってみれば、マークのＡＤＨＤには本当にうまく対応できてるって思ってます。マークも、「みんなはぼくの味方だ」ってわかってるみたいだし、態度も明るくて積極的です。まあ、毎日のように予想外のことが起こりますから、マークとのつき合いかたは、日々勉強ですがね。今では、出口の見えないトンネルって感じはしませんよ。

でも、一番困っているのが、家内の実家との関係です。とりわけ、家内の妹がね。家内の妹にも子どもがいますが、一番上の子がマークと年が近いせいもあってか、マークのふるまいがなってないって言われることが多いんです。

家内は以前、毎年夏休みになると、実家の別荘で一か月ばかりすごしてたんです。妹も一緒に来るのを前は楽しみにしてたものですが、だんだん、ぷりぷり怒りながら帰ってくることが多くなりましてね。みんなマークに冷たい、日に日にひどくなるのよって言って。今じゃ、別荘には行かなくなりました。それどころか、家族とはめったに口もきいてません。家内の印象じゃ、マークはずっと叱られどおし、けなされどおしで、やってないことまでなすりつけられることも多かったそうです。

そんなわけで家内は、実家とのつき合いは最小限にとどめるのがみんなのためだ、何よりマークのためだって思ってるようです。でも、悲しいことですよね。それに、ぼくの方の両親がもう亡くなってて、マークのおじいちゃん、おばあちゃんっていったら、家内の両親だけですから、なおさらです。

もちろん、こんな悲しい話ばかりではない。家族がわが子をよく理解し、実家や親戚にもADHDのことを告知、啓蒙することでうまくいっている家もある。次のお父さんは、そんな良い例を紹介してくれた。

ぼくの実家は、トレヴァーのやつがADHDだと知ってからも、ずっと普通に接してくれています。ぼくらも、洗いざらい説明しましたよ。ADHDってどんなものなのか。ADHDがあるせいでトレヴァーはどうなっちゃってるのか。特に、薬を飲んでないときはどんな感じになるのか。ていねいに話しました。

もちろん両親は、トレヴァーに薬を飲ませるなんて、良く思ってません。でも、ぼくと家内が説明しましたからね。この子には、ちゃんと理由があって薬が必要なんだよって。だから両親も、ぼくらが決めた方針には、何でも協力してくれます。

両親も、本人のようすを見てたら、気がついたんでしょう。トレヴァーは治療が始まる前より、ぐっと落ちついてきましたから。それも、薬が効いてる時間はなおさらですからね。あの子は、薬を飲んでると、人との接しかた、つき合いかたがうまくいくんですよね。もちろん、おじいちゃん・おばあちゃんに対してだけじゃなく、相手が誰であれ、うまくいくのは同じなんですが。両親にもそれがわかったようです。

きょうだいとの関係

何から何までそっくりな子どもなんて、二人といない。たとえきょうだいでも、それぞれ個性がある——頭ではそうわかっていても、いざ、ＡＤＨＤのある子とない子のあまりのちがいを目にすると、やはりとまどうことはあるものだ。

親たちの中には、ＡＤＨＤのある子よりない子の方がどうしても身近に思える、一緒にいて楽しいという人もいる。これでは、つい、ＡＤＨＤのない子とよぶんに一緒にすごしたい、深くつき合いたいという誘惑にかられるのも無理のないことだろう。何といっても、ＡＤＨＤでない子の方が、のんきでつき合いやすい。勉強や運動に秀でている子もいる。人づき合いにもそつがなく、全般的に適応がいいかもしれない。

でも、そんな子どもが身近にいたのでは、ただでさえＡＤＨＤで苦労している子にとっては、なおさらプレッシャーになりかねない。それに、きょうだいはとかく張り合うもの。ある程度の嫉妬は当たり前のものだが、あまりにエスカレートすると、家族全体の人間関係がこじれてしまう。

この二つが重なると、どうなるだろう？　そもそもきょうだいの仲がうまくいっていないのに、父親がＡＤＨＤのある方の子をついつい避けてしまうとしたら？　これでは、患児はなかなか「ぼくだって、値打ちのある人間だ」と実感できない。家族の一体感だってそこなわれる。ひいては、家庭の秩序まで揺るがすことになりかねないのだ。

うちは男の子二人ですが、ちょっと年が離れてましてね。デヴィンが生まれたのは、グレッグが五つのときでした。こんなに待たなきゃいけなかったのには、わけがあるんです。グレッグも四つか五つになったころから、ようやく自分のアイデンティティができ上がったというか、家族に愛着もできてきたみたいだったし。そろそろ下が生まれてもだいじょうぶだろうと思ったんですね。

ところがこれが大失敗。さっぱりうまくいかなかった。もう、トラブルの連続です。いや、下が生まれても、最初はそうでもなかったんですけどね。九か月になって、デヴィンがハイハイを始めてからです。下の子の存在が目につくようになったんですね、おかしくなったのはそのときからですよ。グレッグはすっかりいじけてしまったんです。グレッグはADHDじゃないかって話が出て、検査を受けさせたのも、ちょうど同じころでした。

デヴィンは性格がぼくと似てましてね。やっぱり、デヴィンと遊ぶのは楽しいです。でも、グレッグにばかり手がかかって、なかなかそんな時間はとれません。学校でも家でも、次々と問題を起こすんですから。グレッグはなかなか手に負えない子でね。一緒にいると、こっちまでカリカリしてきちゃいます。おかげで、うちの中はけっこうけんかが絶えないんですよ。

きょうだい間の嫉妬。親のえこひいき。どちらも、家族の中で、ぜひとも解決に向けて努力すべき問題だ。

あるお父さんは、ＡＤＨＤのある息子とまっすぐ向き合うことでこの問題を乗り越えようとしている。

女房に指摘される前から、自分でも気がついてはいたよ。おれはどうしてもほかの二人と一緒にいる方が楽しいし、ついそいつらとばっかりつるみたくなる。二人のうちの一人も実はＡＤＨＤなんだけどね、でもそいつはケヴィンとは違って、活発で愉快なやつなんですよ。同じＡＤＨＤでも、ケヴィンはどうも人の神経に障る。むら気でね。何ていうか、何をしてやっても気に入らないタイプと言ったらいいかな。

ぶっちゃけた話、ケヴィンと一緒にいたって楽しくない。このことは本人も知ってる。だって、はっきりそう言ってやったからね。もちろん、いじめるような言いかたはしてないけど、言ってやったよ。「なあ。父さんだって本当はお前と仲良く遊びたいんだぞ。けどな、お前がそんなことばっかりしてるんじゃ、こっちは一緒にいるのがいやになるよ」ってね。

ビデオを見ながら話したこともあったね。女房に借りたんだけどさ。子どもが五人出てきて、一緒に遊んでたり、いろんな場面があるビデオだった。五人にはそれぞれ個性があってね。感じのいいやつもいれば、いやなやつもいる。おれはケヴィンと並んで観たよ。

で、「お前なら、どの子が一番好きだ?」ってきいたら、あいつは一番感じのいいやつを指差したよ。だから言ってやった。「うん、父さんもあの子が一番好きだな。お前とも、あんなふうに遊べたらな」って。

ビデオに出てきた子どもは、サールって名前でね。だから今は、ちょっと雰囲気が怪しくなってきたら、わざとおどけた調子で言ってやることにしてる。「おい、サールのことを覚えてるだろ? サールだったらこんなときどうすると思う?」ってね。

状況はだんだん良くなってきてるよ。一回いい方に転がりだしたら、あとは雪だるま式ってやつでね。

親の心境や感想を本人に率直に伝えるということは、ぞんざいな態度で接するということではない。また、わざと子どもを傷つけることとも違う。

「率直に伝える」とは、わが子が学習できるような環境を整えてやることなのだ。言いっぱなしではなく、本人の成長につながるようにしようと思ったら、それなりの段取りがいる。舞台を作り、小道具が必要なら残らず調達し、狙ったとおりの効果が出るよう、照明を工夫しなくてはならないのだ。これをやるには、エネルギーも時間もいる。さっきの例のお父さんにとっては、ビデオが大事な鍵だった。ビデオを例に使って父親がていねいに説明したことで、息子には、内容だけでなく、同時に大切なメッセージも伝わっていた。「パパにとって、ぼくは時間を割くに値する存在なのだ」「パパは、ぼくのためなら、努力する値打ちがあると思ってるんだ」「パパは、ぼくには本音で話してくれるんだ」というメッセージが伝わることになったのだ。このお父さんは、ぶっきらぼうなようでいて、実は息子に手をかけている。何も言わずに放っておく方が、ずっと簡単だっただろう。

きょうだいげんかがあまりにひどいとき、ADHDではない方の子がADHDの子に罪をなすりつけるのがお決まりのパターンになっているときは、親が何らかの手を打ち、バランスと調和のとれた家庭を取り戻さなくてはならない。子ども同士のやりとりを見てみよう。ネガティヴな交流パターンが「クセ」として固定していないだろうか？　答えが「イエス」なら、両親は子どもたちにより添い、別の交流パターンを教えてやる必要がある。

たとえば、トラブルになったときの交渉マニュアルを与える。もちろん、親も手本を見せるのだ。母親と父親の意見が食い違ったら、子どもに教えたのと同じ方法で解決して見せる。こうすれば、子どもたちも、感情をもてあましたとき、利害が対立したとき、どうやって解決したらいいかがわかる。さらに、このルールに違反した場合の罰も設定しておく。

もう一つ、たくさんの親たちが採用している方法に、「家族全員でADHDの勉強をする」というのがある。たとえば、みんなで最寄りのサポートグループに出席する。本を読む。家族カウンセリングを受ける。こうすれば、ADHDのないきょうだいたちも、「ああ、この子がこんなことをするのは、わざとじゃなかったんだ」「そうか、自分では止めたくても、止められなかったのか」と知ることができる。一方、ADHDのある子本人も、「ぼくがこんなことをすると（こんな態度をとると）、ほかのみんなはこんな気持ちになるのか」と気づくことができる。

きょうだいの関係を改善するテクニックはいくつもある。表の13でそのいくつかを紹介している。

表13 子どもたちが「ついついポジティブなやりとりをしたくなる」環境を作るには

●子どもたちはみんな、親の態度をよく見ているものだ。ふり返ってみよう。自分は、ADHDの息子のことを、どう思っているだろう？　その子のことを話題にするとき、どんなことばを使っているだろう？　どんな姿勢で接しているだろう？　きょうだいたちの態度を改めさせたければ、自分の態度を見本として使えばいい。

●息子を非ADHDのきょうだいや同級生と比較したくなっても、ぐっとがまんする。うっかりこれをやると、家の中でのその子の地位が下がってしまいかねない。これでは、ほかの子どもたちが「この子のことは、軽く見てもいいんだな」と思ってしまう危険がある。

●子どもたちの間でトラブルが起きたときは、けんかをせずに解決しなさいとうながしてやる。親が全員から事情をきき、一緒に話し合いをするのもいい。そのときは、誰か一人を犯人と決めるのではなく、どうしてここまでこじれてしまったのかを調べ、全員にそれぞれの責任を自覚させる。その上で、みんなで話し合って、一番いい解決策を見つけよう。子どもたちの全員が「そうか、これをやられたときに、けんかになっちゃったんだな」というふうに、因果関係を理解し、納得できるようにしてやること。こうして納得し合うことで、共感が育っていく。

●子どもたち全員の長所を見つけ、ほめよう。よほど気をつけていないと、ADHDの息子だけ、ほかの子よりほめられる回数が少なくなりがちだ。それをほかの子どもたちが見習ってしまい、きょうだいの不仲につながる危険がある。

●ADHDの息子に行動療法を受けさせることになったら、子どもたち全員に同様のプログラムを与えよう。どんな子にだって、直した方がいい点の一つや二つはあるのだから。これなら、全員が学び、進歩できる、すばらしい環境を整えてやれる。

●子どもにとって、父親と二人きりになる時間はとても大切なものだ。子どもたち全員と、一対一ですごす時間を確保するよう努めること。二人だけで外食する、肩を並べて森を散歩する、一対一でバスケットボールの試合をする、一緒にビデオを観る、何でもいい。これをすれば、子ども同士がしじゅう顔をつき合わせていなくてすみ、息抜きができる。一方、それぞれの子と父親の間にも、かけがえのない絆が育っていく。

家族会議をやってみよう

次に紹介する家では、家のことは何でも家族会議で話し合っているという。

わが家じゃ、週に一回、家族全員で会議を開く決まりになっています。今は毎週水曜の晩ですね。家族のみんなに関係あることなら、何でもここで話し合うんですよ。問題が起きたときだけ開くっていうのとは違うんです。近況報告、連絡事項、休暇の計画、家事の分担の変更、何でもです。トラブルのときだけ急にやったんじゃ、悪口大会になっちゃいますからね。

司会は毎週、回り持ちです。発言する人には制限時間を守らせて、意見のある人が一人残らず発言できるように気を配るのが司会の役目です。最初は、一人ずつ順番に、それぞれの近況を発表します。このときは、全員が必ず何か一つ、最近の楽しいこと、楽しみなことを言わなくちゃいけないんです。

何か解決していない争いごとがあるときも、ここで話し合うことになってます。ロールプレイもよくやりますよ。たとえば、妻と私がけんかしてたりすると、子どもたちの中から二人が出てきて、私たちに扮して演技してくれます。「パパとママの態度は、今はこんな感じ」っていうのと、「こうなったらもっといいと思う」っていうのと、二通り演じてくれるんです。

会議を終えるときにもルールがあります。一人ずつ順番に、何か一つずつ、ほかのみんなに感謝していることを言わなくちゃいけない。

うまくいかないことだらけのわが家ですが、毎週この会議を続けてるおかげで、何とかもっているって感じですね。家族会議はまるで救世主ですよ。

実にユニークな方法ではないだろうか？　この家族は、みんなが時間とエネルギーを割いて、家族のつながりを保とうとがんばっている。それも、問題が起こってからあわてて話し合うのではなく、ふだんから定期的に集まっているのだから。

忙しい現代、やるべきことも考えることも山ほどある中、こんな集まりをきちんと続けていこうと思えば、お互いがまんしなければならないことも多かろう。よほどの信念がなければ続くものではない。

彼らの場合、話し合うといっても、問題点ばかりを話し合っていたわけではない。ＡＤＨＤの子が話題の中心だったわけでもない。中心はあくまでも、「わが家は今、うまくいっているだろうか？」「チームとしてうまくやっていくには、どうしたらいいだろうか？」ということだった。

この例からもわかるように、困った点、改めるべき点にばかり目を奪われすぎないことも大切だ。それよりも、みんなで楽しいやりとりを楽しみ、けんかにならない問題解決法を試してみて、成功体験を積む方がいい。ただ一方的に「けんかは禁止だぞ」と言い渡したり、問題は何でもＡＤＨＤの子のせいにしたりしても、かえって反発を生み、対立が悪化するだけだろう。

きょうだいげんかに終止符を打つテクニックをもう一つ紹介しよう。まず、家のどこかを〈仲直り専用スポット〉に決める。子どもたちがけんかをすると、そろって「追放」。一緒に〈仲直り専用スポット〉行きを命じられる。追放された子どもたちは、二人きりで徹底的に話し合わなくてはならない。双方が相手の言い分に十分耳を傾け、平和に問題を解決するまで、二人ともその場所を動くことは許されない。

二人で話し合わせるといっても、最初から本人たちに任せるのは無理だろう。勝手がわかるまでは親がつき添って、相手の話は口をはさまずに聞くこと、発言したいときは順番を待つことを教える。問題解決のやりかたも、最初のうちはお手本を見せてやるといい。

この種のテクニックは、きょうだいの中に攻撃的な子がいる場合、きょうだいがしじゅういがみ合っている場合などに役に立つ。この方法を実行するときは、親の側は何があろうと平静な態度を崩さないこと。そして、子どもたちがそろって「もうけんかは終わりにする」と約束するまで、一人も席を立たせないことが大切だ。

ここでもやはり、困った点にばかり注目しすぎず、解決策を見つけることを目標にすえよう。みんなの関係を良くするには、その方が効果が高い。

第5章 「自分で自分を律せられる子ども」に育てるには

息子のしつけっていうと、妻は、道徳的な面を心配するんですよ。良い子になるように育てなくちゃってね。確かに、それも当然だと思います。

でもぼくは、もっと、実生活の中で学んでほしいことがあるんですよ。たとえば、使った物は元の場所に返さないと、どこへ行ったかわからなくなって、次に使いたいときに困るでしょう。なくなったのは、自分が片づけなかったからだ。それがわかるようになってほしいんです。

自分のやったことの因果関係がわかるっていうのは、すごく大事だと思うんですよ。大きなことであれ、ささいなことであれね。自分で自分をコントロールできるようになることの方が、道徳より先でしょう？　手をつけたことは最後までやりとげるとか、楽しみなことは何でも「今すぐ」じゃなく、先延ばしできるとか。道徳はその次ですよ。

バートはまだ、とにかく落ちつきがない。ゆっくり立ち止まって考える暇がないせいで、取りこぼしてることがたくさんあるんです。自発的に宿題を始めることもできない。だからまわりがやらせるしかないけど、それでも、最後まで続けられない。お金や物を大事にすることも、まだ理解できていない。それなのに「ほかの人には礼儀正しくしましょう」なんて、急ぎすぎです。まずは基礎ができてないと、道徳も礼儀も身につくはずがありません。

バートだって、自分の身を律することができるようになったら、道徳とか礼儀なんてものは、自然に芽ばえてくると思うんです。ぼくらが手本を示してますからね。わが家にはわが家のポリシーってものがあります。ぼくたち夫婦はちゃんとそのポリシーに従って暮らしてますから、自然と伝わりますよ。

――七歳の男の子の父親

「しつけ」とは何だろう？

ショッピングセンター、サーカス、スポーツの試合、レストラン。どこでもいい、親子連れのたくさん集まる場所へ行ってみよう。必ず一組くらいはいるんじゃないだろうか。そう、「緊急事態」に陥っている親子が。子どもは自分で自分を抑えていないし、親が何をしようと効き目はない。そんな光景を目にした人は、「しつけのなっていない子だなあ」と思うのではないだろうか。

「しつけのなっていない子」――そうかもしれない。こうして泣きわめく子どもの姿は、確かに、「しつけのなっていない」という一般のイメージに合ってはいる。でも、ここでもう一歩踏み込んで考えてみよう。もう一つの要素が見えてこないだろうか？

親たち自身のふるまいは、「しつけのなっている」大人にふさわしいものだろうか？　人前で子どもに騒がれるのは、確かに大変なストレスだ。でもそんな中、親までが落ちつきを失っていないだろうか？　しっかりしたポリシーを示し、貫いているだろうか？　わが子をサポートし続けているだろうか？　それとも、子どもに負けず劣らず自己コントロールを失っているだろうか？　子どもと同じくらい怒りに我を忘れ、投げやりになっていないだろうか？

一口に「しつけ」というが、実は、しつけとは、二つの要素から成っている。一つは、わが子の困った行動を目の前にしたときの気持ちの持ちかた、反応のしかた。もう一つは、実際に子どもの行動を改めさせるためのテクニック。この二つめはさらに〈親の望む行動を引きだす〉、〈好ましくない行動を止める〉の二種類のテクニックに分けられる。

これら二つの要素のうち、親の対応を本章で、実際の行動管理のテクニックを次章で扱うことにする。

さて、そもそも〈親が子どもをしつけること〉と、〈子どもが自己コントロールを身につけること〉との間には、どのような関係があるのだろうか？

自分で責任をとれる子になるためには、まず、責任を自覚する必要がある。そして、子どもが自分の行動について「これはぼくの責任でやってることなんだ」と実感できるかどうかは、それまで受けてきたしつけの種類や質に大きく左右される。

子どもが自分の責任を自覚できるようなしつけ、将来は自分で自分を律することができるよう、子ども自身の力を育てるしつけが大切だ——そう頭ではわかっていても、親にだって感情がある。いざ困った行動、はた迷惑な行動や恥ずかしい行動を目の当たりにしてしまうと、なかなか冷静にはいかないものだ。とりわけ、ＡＤＨＤの子どもが相手となると、なおさらだろう。

だが、親もカッとなればなるほど、思わず効き目のないテクニック、有害なテクニックに手を出しやすい。つい叩いてしまう。大声が出てしまう。脅しに出る。ちくちくといじめたくなる。愛情を注ぐのをやめてしまう。目を配るのをやめてしまう……。これでは狙ったとおりの効果はあがらない。そればかりか、逆効果にもなる。

ＡＤＨＤのある子どもを育てるにあたっては、あるお父さんは、次のように語ってくれた。

以前の私は、今よりもずっと厳格でした。息子のことも、普通の子どもと同じように扱ってました。つまり、息子は情報の処理に難があるし、ずっと同じ手順に従いつづけるのも大変なことなのに、そのことを計算に入れてやらなかったんですよ。何でもいいから年相応に動けるようになってほしくて、「みんなみたいにしゃきっとしろ」と言うばかりでした。

でも、だんだんわかってきた。あいつは普通の子じゃない、普通の同級生みたいにはいかないんだってね。

今の息子は、そのころに比べたら、かなり自分で自分をコントロールできるようになってます。ああ、普通にしてちゃダメなんだって気づいて以来、家の中じゃ、なるべくかっちりした枠組みを作って、それをキープするように心がけてますから。それに、こっちが息子のやることにいちいち振り回されないで、ゆったり構えるようになったことが大きいですね。あいつはやる気がないわけじゃないんです。ただ、まわりが当たり前と思ってるやりかた、まわりの求めるやりかたじゃ、できないこともある。それだけのことだったんです。

効果のあるしつけテクニックを学ぼうと思ったら、まずはわが子の現状をよく知ることだ。この子には何ができ、何ができないのか？　一番じょうずにできるのは、どんなときだろうか？

ＡＤＨＤのある子には、情緒的に不安定な子が少なくない。今にも崩れそうだ、自分一人では持ちこたえられない――そんなとき、頼りになるのは何といっても父親。この子たちは、支えてくれる父親がいなくてはやっていけない子どもたちなのだ。

それなのに、肝腎の父親が腹を立てていたり、動揺していたり、我を忘れていたりしたのでは、息子を支えてやることができない。うろたえている子どもの代わりに理性の声を代弁して、問題を解決してやることもできない。

父親の存在は、松葉杖に似ている。今は骨折しているからといって、永久に杖が必要になるわけではない。でも、当座の生活をスムーズに送るため、そして、日々の用事をこなしていくためには、自分の脚と杖と両方あった方がいい。

ＡＤＨＤのある子どもたちも、だんだん成長していく。育つにつれて、父親に求めるものも変わっていく。幼いころのように、倒れそうなときに支えてもらうためではなく、リアリティー・チェックのため、〈モニター役〉や〈情報源〉としての父親をあてにすることが多くなっていくだろう。

こんなストーリーを思い浮かべてほしい。父と息子が二人で、人里離れた大自然の中を探検していたとしよう。そんなとき、ふとした運命のいたずらで二人は遭難してしまった。二人ともけがをしているから、どちらか一人が助けを呼びに行くこともできない。あらかじめ考えてあった非常用プランも役に立たない……。

父親も息子も、自分の力で立つことができない。かといって、相手に助けてもらうこともできない。そう、子どもが一人で持ちこたえられずにいるときに、父親までが理性を失ってしまえば、この物語と同じ状況になってしまう。

次に紹介するお父さんの話によると、親の側が感情を抑えるようにしたら、子どもの行動も穏やかになったという。

マットには何ができて、何ができないのか。まずはそれを学ばなくちゃいけませんでした。できないっていっても、野球がへただとか、勉強が苦手とか、そういうことじゃないですよ。自分の感情をコントロールできたり、できなかったり、そういう面のことですね。あいつにはときどき、どうもおかしな雲行きになることがありましてね。そんなときのあいつときたら、実にがまんのならない子になってしまう。怒りっぽくて、やたら手間ひまがかかって、人を傷つけるようなことを口にするし、とにかくつき合いにくいったらないんです。

以前のぼくなら、そんなとき、大声を出したり、首根っこをひっつかんで引きずり回したりしてたもんです。もちろん、火に油ですよ。息子の態度も悪いが、ぼくも同じくらい悪かった。これじゃ、息子が学ぶチャンスにはなりません。自分の行動を自分で律することを教えてなかったんです。

当時は、しつけとよべるしつけなんて、できてませんでしたね。ただ、息子が言われたとおりにしないからってんで、腹を立ててるだけ。あのころぼくは、何かというとすぐ脅しに出てましたし。息子だって脅されてたんじゃ、自己コントロールのテクニックを学ぶどころじゃなかったはずです。

今じゃぼくも賢くなりましたよ。こいつが荒れてるときこそ愛情を注ぐんだってつもりで、ことさら穏やかに接するように心がけてます。

もちろんそれだけじゃない。その上で、きちんと指摘してやる。「お前はな、これをやらなきゃいけないんだよ」ってね。「お前さえ落ちついて、みんなと協力しようって気持ちになったら、いつでも言いなさい。そうしたらパパとママが手伝ってやる。パパもママも、それまで待っているからな」って伝えるんです。

「落ち着かせる」ためのしつけ

〈こちらが動揺していることをさとらせない技を身につけること〉と〈本当に効きめのあるしつけテクニックを身につけること〉。この二つは実に縁が深い。ちょうど双子の兄弟みたいなものだ。

　息子が目の前で悪いことをしようと、こちらは意地でも落ちついた態度を崩さない。あわてず騒がず、かねて予告してあったとおりの罰、毎度毎度ハンで押したように同じ罰を、ビジネスライクに与えつづける。これなら息子にも、「そうか、悪いことをしたら、自分にはね返ってくるのか」と気づきやすい。こうして、「自分の行動なんだから、はじめから自分で気をつけよう」という意欲のある子に育つのだ。


　図1に示した四つの要素は、どれも必要不可欠なものばかり。一つでも欠けたら、ＡＤＨＤの症状に対応することはできないだろう。

　ＡＤＨＤを持って生まれたわが子に、親が与えてやれる最大の贈り物。それは、息子が度を失って荒れているそのときに、親が騒がずにいてやること。騒ぐなといっても、「何でもないことだから気にするな」というのではない。「されるがままに受け入れろ」という意味でもない。むしろその逆。息子は息子なりに、自分の内面のうるさい雑音をしずめようと苦闘している。その間、

図1

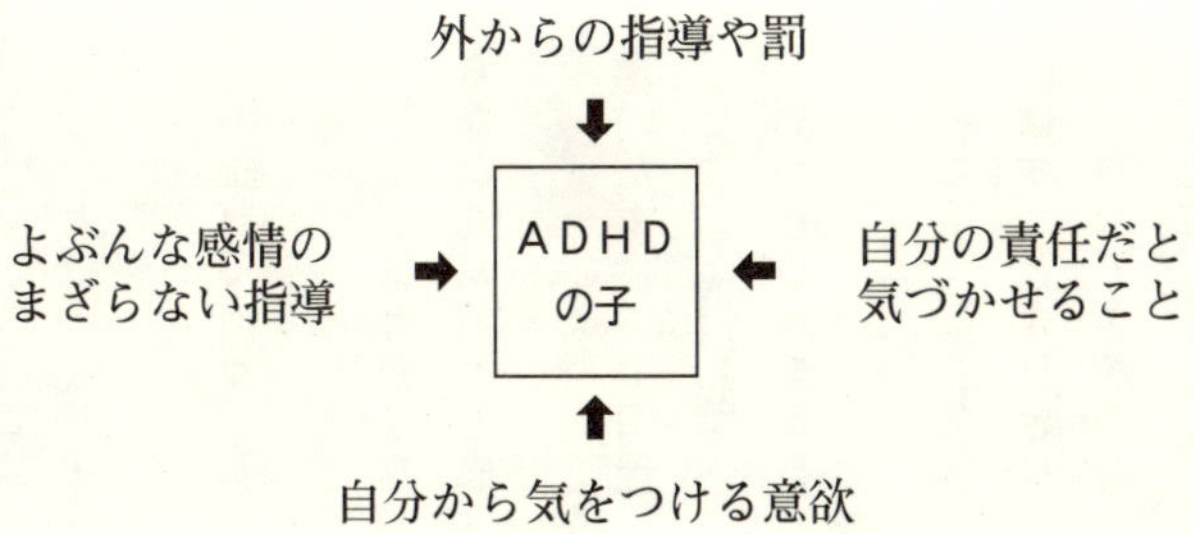

がんばる息子により添っていてやること。「この子にとっては、崩れずに持ちこたえるのは容易なことではないのだ」と心に留めておくこと。そして、「お前のことは大切に思っているよ」「お前が気持ちをおさめ、態度を改められるよう、父さんには手伝う用意があるよ」とはっきり示すことを意味する。

次の例を見てもらえばわかりやすいだろう。九歳になる男の子のお父さんの証言である。

今じゃ私のやりかたも、前とはずいぶん変わったと思います。前は、ピートはわがままなんだと思ってました。だから、自分の思いどおりにしないと気に入らないんだろうと思ってたんです。

自分の思いどおりにいかないことがあると、息子は、「パパなんか嫌いだよ」って口走ったり、ぼそぼそと小声で悪口を言ったりしてました。私も思わずカッとなって追い回す。息子が二階へ逃げれば、二階までおいかけてく。家じゅう追い回して、やっとつかまえるとがみがみどなる。それが当たり前でした。

息子がADHDと診断されて、薬物療法を始めることになったとき、私は思いました。これでピートもおとなしくなるんだ。私も家内も、あいつのふるまいにはずっときりきり舞いさせられてきた。でも、もう終わりになるんだってね。私はまだ、わかってなかったんです。息子が変わるかどうかは、私たちが変わるかどうかにかかってたのに。「私たち」とはいっても、とりわけ、私の方です。家内は最初から、私よりもずっと寛容でしたからね。

でも、薬を飲ませたのに息子はまだめんどうを起こす。おかげで私は、それまで以上に腹を立てるようになりましてね。

息子をきちんとさせるには、何をすればいいんだろう？　さっぱりわかりませんでした。家内には「あなた、自分の態度もふり返ってみたら？」と言われたことがあったけど、それでもほとんど変わらなかった。

おかしな話だと思われるかもしれませんが、私が変わったのは、雑誌がきっかけなんです。家内の買ってきた雑誌をぱらぱらめくってたら、子どものしつけかたの記事が載ってましてね。読み終わって、愕然としましたよ。私がこれまでやってきたことといったら、まるで正反対。ピートが自己コントロールを身につけないよう、自分を律する力が育たないよう、全力を尽くしてたってわけです。私はこれまで、どなりつけて、こらしめることばかり考えてた。それが息子に無力感を与えてたんです。「ぼくなんかが何をしたって、どうせ何も変えられないんだ」「何もかも、ぼくには関係なく、勝手に起きるんだ」って印象を与えてたんですね。

それからほどなくして、今度はADHDについての記事を読みました。おかげで、ピートの頭の中、体の中では何が起きてるのか、わかった気がしました。そのときから、「息子は今、どんな思いをしているんだろう？」っていうのを気にするようになったと思います。

それ以来、もっといろんな資料を読むようになりました。息子が自分を抑えられなくなっているとき、サポートする方法を知りたいと思いましてね。今じゃ、めったにどなったりしません。その代わり、「お前はこれをしなきゃいけないんだよ」「それをやりたかったら、まずはこれができてなきゃダメなんだよ」っていうのを、わかるように伝えてやる。どなるのをやめる。平静にふるまうように心がける。息子を大きく変えたのは、私のそんな変化だったと思います。今の息子は、前よりもずっと自分の責任を自覚するようになりましたし、人の話もよく聞くようになりましたから。

その記事ですか？　子どもが興奮してるときに、親まで一緒になって興奮するなって書いてありましたよ。それから、子どもには、自分が何を・どんなふうにしなければいけないか、はっきりわかるように伝えておく。家のルールもしっかり決めて、わかりやすくしておく。また、よく問題になりやすい個別のテーマについても、「わが家ではこれ以上は許さないよ」っていうのを、最初からはっきりさせておくこと。一番逆効果なのが、どなることと、叩くこと。叩かれてばかりいる子どもは、「自分のしたことなんだから自分で責任をとらなくちゃ」っていう姿勢が育たないって書いてありました。責任逃ればかり考える子になってしまうってね。

まずは親が自分をコントロールする。そんな親の姿をいつも見ていると、子どもの中には、「そうか、感情が昂ぶってきても、まわりとの間でうまくいかないことがあっても、みんなそれぞれ自分で何とかしているんだな。それが当然なんだな」という感覚が育つ。

とはいえ、規範を吸収しただけで、実際に自分を抑える力までが育ったわけではないから、相変わらず崩れてしまうことはあるだろう。本人にとっては、不甲斐なく、情けない経験かもしれない。でも、そんなときも、父親があわてず騒がず支えてくれる。それを目で見、肌で感じることで、屈辱から立ち直ることができる。

もちろん、ことはそう簡単には進まない。何といってもＡＤＨＤというのは、注意力や情緒に困難をきたす障害なのだから。ＡＤＨＤのある子どもは、感情の浮き沈みを調節する機能が故障していると考えたらいい。自分を抑えようという意欲はあっても、物理的に無理なのだ。

そんなときの感覚を本人たちにきいてみると、「まるで、自分の体なのに、自分の物じゃなくなったみたいな感じなんだよ」という。彼らにとっては、困った行動をしてしまうのも、気が散ってしまうのも、〈勝手に起きること〉と感じられ、自力で制御できそうな気がしないらしい。

そんな子どもたちも、親ががんばって自分を抑える姿、落ちつきを保とうとする姿をくり返しまぢかに見るうち、〈望ましいふるまいかた〉を少しずつ吸収し、自分のものにしていくことができるのだ。

ＡＤＨＤの子どもたちはたくましい！

ＡＤＨＤのある子どもたちは、こちらが驚くほどたくましい。とにかく回復力がある。必死で工夫をこらし、不屈の決意で這い上がってくる。両親にはため息をつかれ、先生にはさじを投げられても、「今度こそちゃんとするから」とがんばり続ける。

そんな彼らも、周囲のサポート、理解、そして目配りがなければ、いつかはつぶれてしまう日がくる。長年叱られつづけ、けなされつづけ、いくら努力しても成果は上がらない——そんな重荷が積み重なって、とうとう一人では支えきれなくなってしまうのだ。

ＡＤＨＤのある子どもたちも、本当はみんなに認めてほしいし、好かれたい。きちんとふるまい、成功したいのだ。あるお父さんは、そんな息子の姿を、次のように語ってくれた。

ぼくにはわかる。ブレットだって、本当は自分を抑えたがってるし、みんなになじみたいとも思ってる。どうしてってって、そりゃあ見てればわかりますよ。

でも、物ごとが何かしらうまくいかなくなると、あいつは人並み以上にカリカリしてしまう。普通の子以上に苦しんでる。でもあきらめない。何とか元に戻そうと、あいつはあいつなりに必死なんですよ。

息子は、今の自分にできる範囲で精いっぱいの努力をしてます。ぼくは、息子のそんな態度を応援してる。息子も、そのことはわかってくれてます。

ときどき、こんなことを思うんですよ。ぼくは息子のための、心のエアバッグだなって。何かトラブルがあっても、ぼくの接しかたが良ければ、あいつは安心するし、早く立ち直れる。いやなことがあったときこそ、後味ってものが大事なんです。ことがおさまったあとには、「ああ、ぼくはダメなやつじゃないんだ」っていう印象を残してやりたい。そして、イライラに負けてしまうばっかりじゃなく、勝つこともできるんだっていう実感を与えてやりたいんです。

立ち直る力とは、不屈の精神とは何だろう？　次の寓話を参考にしてほしい。

ある日のこと、ラバが一頭、枯れ井戸に落ちてしまった。農夫はいろいろと手を尽くしたが、井戸はあまりに深く、ラバを引き上げることはできなかった。

もうこのラバはあきらめるしかない。こんな井戸を放っておいては危ないから、ついでに埋めてしまおう。ラバは生き埋めにしてしまえばいい。そう考えた農夫は、息子たちに言いつけて、井戸に土を入れさせることにした。

でもラバはあきらめなかった。生き埋めなんかにされてたまるものか！　息子たちの放り込む土が、背中に降りそそぐ。ラバはそのたびに背中の土をふるい落としては、踏み固めていく。そうするうち、井戸は少しずつ浅くなり、ラバはとうとう、歩いて井戸から出ることができたのだった。

本当なら、ラバを生き埋めにするつもりで投げこんだ土だったのに、その土こそがラバを救うことになった。ＡＤＨＤのある子どもたちにも、その親たちにも、これに似た経験を語る者は多い。

ADHDのある子を育てていると、わが子が次々に起こすトラブルに「今にも生き埋めになりそうな」気がしてくることもあるものだ。とは言っても、親を生き埋めにしようとしているのは子どもではない。原因はADHDの症状。この症状のせいで、親子ともども窒息寸前になってしまうのだ。

ところが、ADHDの子どもたちには、ラバのようにガンコでたくましい子が実に多い。いくら叱られても、両親にけなされても、友だちができなくても、勉強がわからなくても、「心まで生き埋めにされてたまるものか」とがんばり続ける。こうして、苦労の末に大人になると、自分の選んだ職業で立派に身を立て、地域社会に貢献するようになる——そんな子どもたちは驚くほど多い。

ハンディをかかえながらもくじけずに大きくなる子どもたちは、そうでない子とどこが違うのだろう？ 負けなかった人々にはどんな共通点があるのだろう？ 調べてみると、ほとんどの人には、子どものときに少なくとも誰か一人、「君は絶対にだいじょうぶ」と言ってくれた人、長所や特技に注目し、応援してくれた人がいたのだと言われている。たとえ一人でも、信じてくれる人がいるのといないのとでは、その子の未来は大きく変わってしまう。父親がその一人になってやれば、驚くほど大きな贈り物をしてやれるのだ。

子どもたちの中には、障害を持って生まれてくる子もいる。こころの障害もあれば、身体の障害もあるだろう。そんな子どもたちも、両親のうちどちらか一人でも「自分の可能性を信じてくれているんだ！」と確信できると、相当のハンディをも乗り越えてしまうことが少なくない。

子どもは両親の態度や思いこみに染まりやすい。ちょうど、カメレオンが周囲と同じ色に染まるようなものだ。子どもの抱く自己像は、周囲の人々に貼られたレッテルそのままであることが多い。「ぼくはまわりの人たちに『悪い子』と思われてるんだ」「ぼくは『つき合うだけ時間のムダ』『値打ちのない子』と思われてるんだ」「みんな、ぼくのことは、いやいやがまんしてくれてるだけなんだ」――そう思ってしまった子は、わざわざつらい体験を追い求めるようになる。自分から、貼られたレッテルに合わせてしまうのだ。

一一歳になる男の子のお父さんが、そんな経験を語ってくれた。

ジェイクはこのごろ、無気力で投げやりな子どもたちばっかりのグループに入ってしまいましてね。そろって黒いTシャツを着て、軍用ブーツを履いて、奇抜な髪型にして。どう見ても似合わない。あの子はどっちかというと堂々とした華やかなタイプで、頭も切れる。なのにわざわざ、今のグループを選んだんですね。みんなでただぶらぶらするばかりで、夢も目標もなく、その場しのぎでやっていければいいやって感じの子ばかりなんですよ。

そりゃあ嬉しくはないですよ。でも、うるさく言いすぎたら、よけいに反発するでしょうからね。

本人にその気さえあれば、もっと人気のある子にも仲良くしてもらえるでしょう。あの子ならどんなグループにでも入れてもらえたはずです。でもジェイクは、落ちこぼれぞろいのグループで、お山の大将になる道を選んだんです。今のグループなら、ライバルもいませんしね。一番話がおもしろくて、背も高い、一番かっこいいやつになれるからです。今じゃジェイクはボスですよ。みんな、子犬みたいにあいつの言いなりになってます。ほかのグループに入っていれば、こうはいかなかったでしょう。でも、どうしてこんな道を選んだのか、私にはよくわかりません。

私たち親子は、もう何年もうまくいっていませんでね。息子のやることを見てると、ほかの人の気持ち、ほかの人の意見などどうでもいいんだろうとしか思えない。そんな子を応援してやれとか、味方になってやれとか言われても、なかなかできるもんじゃありませんよ。

ジェイクはそうとう怒りっぽいタイプみたいですね。家内にも私にも、しょっちゅうカッとなって食ってかかりますから。私はたいてい、無視するか、やり返すか、どちらかです。でも、こんなことじゃ、あまり良くないんでしょうね。

この少年の場合、自分をコントロールする力だけでなく、自分を大切に扱い、他者を尊重する姿勢も育っていないようだ。そのため、自己イメージも歪んでしまっているし、友だち選びの場面でも、無難すぎるくらい無難な道しか選べないのだろう。

優しく、温かく見守りながらしつければ、たとえ時間はかかっても、子どもは自分で自分を律することを少しずつ覚えていく。そして、友だちや所属集団を選ぶときも、自分と同様に自主性のある仲間たちに魅力を感じるものだ。反対に、家庭のしつけが行き当たりばったりで一貫性がなかったり、がみがみと叱りつけ、懲らしめるばかりだったりすると、仲間たちの自堕落さに気づかない、気にならないといった結果になりやすい。こうして、自主性のない子どもたちを仲間として選んでしまうと、友だちグループからの悪影響も重なって、自分を律する力はますます育ちにくくなる。

この例のお父さんの場合、息子が奇抜な服装をして、覇気のない友だちばかりを選ぶのを心配しながらも、「どうせ自分にはどうすることもできない」とあきらめてしまっている。接しかたも投げやりになるから、息子は反発する。反発されれば、ますます「困ったやつだ」と思ってしまう……。

オリヴァー・ウェンデル・ホームズの残したことばにもあるように、「生きていく上で大切なのは、現在位置よりも、目ざす方角」なのだ。親子の間で不毛なやりとりがクセになっているなら、親が率先して改めるべきだろう。親であるわれわれが、いつまでも子どもと一緒になって怒りをあらわにしているようでは、悪循環への道をまっしぐら。行きつく先は、いつ終わるともしれない親子げんかだろう。自分のクセは自分で改めないかぎり、ひとりでに好転することなど望めない。

ただし、悲しい現実も知っておく必要はあるだろう。ごく少数とはいえ、どれほど手を尽くしても、やはりうまくいかない子どももいる。感受性が鋭敏すぎるのか、個性のゆえか、もともとそういう素因を持って生まれたのか、仲間集団の影響なのか、あるいはこれらの組み合わせなのか、思うように効果のあがらない子も中にはいるものだ。そもそも自分で自分を律する力が弱いところに、愚かな選択を重ねてしまい、周囲からは叱責され、対人場面でのマナーも身につかず、勉強でもつまずき、さらには法に触れてしまう子どもたちもいる。

一三歳の男の子を育てるお父さんの一人は、次のように語っている。

これ以上いったい何をすればいいんでしょう？　家族療法もやった、個人セラピーもやった、私立の学校に転校させてもみた、ホームスクールもやってみた。私らだって、やる気がなかったわけじゃありませんよ。でもとにかくデイヴィッドときたらむちゃくちゃなんです。誰に対してもね。

子どもはデイヴィッドだけじゃありません。あと二人いますが、二人とも何の問題もない。はっきり言って不公平ですよ。デイヴィッドにばかり、エネルギーも時間も金もむだにして。まるで、悪いことをすればするほど得になるみたいじゃないですか。

デイヴィッドにははっきり言ってあります。自分で責任を果たす気があるってところを見せてみろ。そうしたら父さんも手伝ってやるってね。セラピーもまじめに受ける。家族とも仲良くする。いい加減にくだらないめんどうを起こすのはやめる。それがいやなら知らんぞってね。

もう限界ですよ。私だってくたくたなんだ。こっちの条件ははっきり伝えたんですからね。ＡＤＨＤであろうがなかろうが、絶対に許しちゃいけないことってのはあるはずです。私たちを苦しめる、自分自身を粗末にする、人さまには迷惑をかける。その中にはときどき、どうしても許すわけにいかないこともあるんですよ。

気の持ちようは大きくモノをいう

「悲観主義者は、チャンスを前にしても、困難にばかり目がいく。楽観主義者は、困難の中にあってもチャンスにばかり目がいく」ということばがある。気の持ちようが違えば、実際の行動にも違いが出るものだ。行動が変われば、対人関係だって変わってくるだろう。

一方、「本気で信じたことは、本当になる」ともいう。信念や世界観は、行動や態度ににじみ出る。内心「どうせ無理に決まってるさ」と思いながらやったことは、まず頓座するとみていい。「おっ、こいつは行けるぞ！」と思いながらやったことは、多少の路線変更はあるにせよ、たいていは何とかなるものだ。

スポーツチームの監督たちもよく言うではないか。「いいか、のんでかかれ！」と。そして、チームが負けそうになると、「おうい、気合いを入れ直せ！」とも言うではないか。人とのやりとりも、気の持ちよう次第で大きく変わる。内容も変わるし、濃さ・深さも変わる。

ここでちょっと自分自身をふり返ってみよう。息子と向き合うとき、自分の中には、どんな思いこみがあるだろうか？　たとえば。「男の子はやんちゃなのが当たり前」と思っている人もいるだろう。うちの子が普通と違うなんてことがあるもんか。ちょっとそうぞうしいだけさ。ちょっと声が大きいだけ、ちょっと興奮しやすいだけだ……。そう考えている人もいるかもしれない。父親の「気の持ちよう」がトラブルの原因になる場合には、二通りある。一つは、父親の思いこみが子どもの実像と一致していないとき。もう一つは、子どもの母親や先生、スポーツチームのコーチ、近所の人たちの意見と一致しないときだ。

たとえば、「息子たるもの、おやじの言うことには従うのが当たり前だ」と思っている父親がいたとしよう。ところが、その息子が言われたとおりの行動をこなせなかったら、どうなるだろう？　父親は「こいつめ、わざと逆らっているな」と思いこんでしまうかもしれない。だが実際には、この子は単に、感情の渦にのまれているだけかもしれない。あるいは、気が散りすぎて、せっかく手をつけても、最後までやりとげられないだけかもしれない。

親にとって、自分の思いこみを改めるのは簡単なことではない。でも、これはいわば投資のようなもの。ここでがんばって気の持ちようを変えれば、大きな配当が返ってくるのだ。次のお父さんは、そんな経験を語っている。

以前の私なら、息子が爆発すると、一緒になってカッとなってたもんです。でも今じゃ、たいていは何とか受け流せるようになりました。息子だって、自分じゃどうすることもできないんだって知ったからです。

前は、息子が指示を聞き漏らしたり、やりかけのことを放置したまま忘れてしまったりするたび、厳しく叱ってました。今は、がんばって自分を抑えてます。「わざととは限らないじゃないか」って、自分に言い聞かせるんですよ。「あいつだって、できるんならとっくにやってるはずだよ」ってね。だって、ほかの場面でのようすを見ていたらはっきりわかるんですよ、息子だって、ちゃんとしたいんです。それに、自分の感情なのに自分で抑えられなくなってしまうなんて、本人にとっても、ひどく辛いことですからね。

先日、こんなことがありました。一緒に野球の練習をしてたんですが、私がちょっと「こうした方が上手にキャッチできるよ」って言ったら、爆発しちゃいましてね。こっちは静かに言ったはずなのに。私のことをののしりながら、練習をやめてどっかへ行ってしまいました。

五分くらいしてからでしょうかね、ようすを見に行きました。息子は地面にかがみこんで、背中を丸めて、棒で泥をつついて遊んでました。背中をさすってやって、「いったいどうしたんだい」ときいてみたんですが、息子は目に涙をためて私を見て、「わかんないの」って言うだけ。そう、あの子は自分でも、何がどうなっているのかわかってないんです。でもそのとき、ちゃんと伝わったんですよ。「もうだいじょうぶだぞ」ってね。

父親であるあなたが「この子はわざと逆らっているんだ」と思うのではなく、「人よりもこまめなチェックと、手厚い指導が必要な子どもなんだな」と考えるようになれば、お子さんが自己コントロールを学ぶのもそれだけ速くなるだろう。父親の見せるお手本も、言い聞かせた教えも、それだけ深くしみ込むだろう。子どもが自発的に動き、自分で自分を律する回数も増えるだろう。

あるお父さんは、次のように語っている。

おれはマイクのやることを、つい悪気にとってしまうクセがあってね。こっちを見ていやな顔をしたとか、せっかく手伝ってやろう、教えてやろうと思ったのに断られたとか、そんなことがあるたび、つい自分のプライドを守ることが優先になっちまう。何ていうか、すねてるんだな。息子が駆けよってきて、「パパごめんね、悲しい思いをさせて」って言ってくれたらいいのに、「せっかくのアイディアなのに、断ったりしてごめんね」って言ってくれたらいいのになんて思ってしまう。

でも、おれさえちゃんと気持ちを切りかえれば、そんな事態は避けられる。「そうだ、こいつはなにも、おれに当てつけてるわけじゃないんだよな」って気がついて、頭を切りかえれば、息子はすぐついて来る。二人で次の話題に移って、引きずらない。一度腹を立てると、あとあとまで引きずっちゃうのは、息子じゃなくておれの方。おれがちゃんと受け流すなり笑い飛ばすなりすれば、息子はすぐに気をとり直す。一〇分もすればすり寄ってくる。さもなきゃ何か愉快なことを質問してくる。

どうだろう？　はじめは互いに心の通じ合わなかった父と息子。それが、父親が頭を切りかえることで、いやな気分をふり捨て、楽しいやりとりに移ることができるのだ。

親が気持ちを切りかえることは、息子へのメッセージにもなる。「お前は悪い子じゃないんだよ」「今は調子が悪いだけだよ。お前っていう子がまるごと悪い子ってわけじゃないんだよ」というメッセージが伝わるのだ。

子育てにかぎらず、人生全般にいえることかもしれないが、本当の意味で実のあるしつけをしようと思ったら、かなり頭を使わなくてはならない。納得のいく成果をあげられるかどうかは、作戦しだいなのだ。

そもそも、子育てにおける「成功」とは何だろう？　自分で自分を律することのできる子、情愛こまやかで、自分からがんばる意欲のある子を育てることではないだろうか？　そのためには、まずはわが子の長所をよく知ること。そして、親自らが「きっとできる！」という意気を失わないことだ。もう一つ、子どもが自己コントロール力のある大人になれるかどうかは、親が自分を律して見せられるかどうかにかかっている。次のお父さんの話を聞けば、それがよくわかるだろう。


ＡＤＨＤのある子どもを育てていると、親は相当がんばらなくちゃいけません。障害のない子の親以上に高いレベルをクリアしなきゃならない。

うちにはＡＤＨＤの息子が二人います。この子たちに障害があるなんて思いたくない。でも、現実はそうなんです。

診断を受けた当初は、なかなか受け入れられなかった。でも、いったんそこを乗り越えたら、私がしてやれることはたくさんあるんだって見えてきた。これまで、あれもやってなかった、これもやってなかったってね。

でもそれからは、こちらも行動を改めなきゃならないことになりました。行動だけじゃない。発想もです。二人ともこんなにかわいい、いい子なのに、神経系に障害があるんだ、発達にハンディをかかえているんだって。今でも忘れません。ある日の夜遅く、いつもの椅子に座って考えてた。このことが頭から離れなくて、考えても考えても堂々巡りで。思わず叫びだしたくなりましたよ。どうすればいいんだ、この二人はこんな重荷を一生背負っていくのか？　私はどうすれば助けてやれるんだ！　そんなことを考えてました。

でも、その後、いろいろ資料を読んだり、家内と話したりしてるうちに、見えてきたんです。この子たちが持ってる力を目いっぱい伸ばしてやるために、私にできることは山ほどあるじゃないですか。

でも、実行するとなると簡単じゃない。一番難しいのは、「忘れないこと」なんです。この子たちは、キレないために必死でがんばってるんだってこと。目先の思いつきにすぐ引きずられる子なんだってこと。何を始めても、集中していられる時間はかぎられているんだってこと……。これを頭に置いとくことは、私の場合、とりわけ難しいことです。私は人並み以上に、温厚さ、冷静さを重んじるタイプですから。

今思えば、私の父がまさにそういうタイプでしてね。かたくなで、絶対に人に感情なんて見せなかった。きっと、人に感情を見せるのは、弱いことだと思ってたんでしょう。私は子どものときから、そんな父を見て育ってきました。それを打ち消さなきゃならなくなったんですから。小さいころからの習慣、自分の主義や美意識、「息子ってのは本来、こういうもののはず」っていう思いこみ。そんな一切と闘わなきゃならないことになったんです。

でもだんだんわかってきましたよ。こういう子を相手にするなら、「あれをすべき」「こうあるべき」って発想にばかり頼ってちゃいけない。「こうに違いない」「きっとこうだろう」って思いこんでてもいけない。それでは親子の信頼関係をこなごなに壊してしまうんです。

でも、今じゃ私にも勘がつかめてきました。今のこの子たちなら、どこまでがんばれるか。どれくらいのことができそうか。どこでつまずきそうか。こうして、現実のレベルがわかってくると、それを元に毎日の秩序を設計すればいいわけですからね。そうすれば、本人の強い部分、すでにできてる部分を活かして、その上に積み上げていけますから。

ＡＤＨＤのある子どもが生き生きと力を発揮でき、成長できるような環境を準備するのは容易なことではない。大変な忍耐と粘り、それに、楽天的な姿勢が必要になる。

子どもの自己コントロール力が育つかどうかは、いくつもの要因の兼ね合いで決まる。その中でもとりわけ大切なのは、〈親がどこまで立派に手本を見せられるか〉、そして、〈子どもが「パパもママも、ぼくならやれるって信じてくれてるんだ」と思えるかどうか〉なのだ。
ＡＤＨＤの子どもを育てるのは苦労の連続。ときには袋小路へと迷いこんでしまうこともあるだろう。それも無理はない。だから、途中で「どうもこの道はおかしいぞ」と思ったら、ぜひこのことばを思い出してほしい。

目の前に道があるからといって、おとなしくそのとおりに歩むばかりではいけない。ときには道なき野山に分け入り、あとに道を残せばいい。

第6章　「前向きな生き方」を教えるために親ができること

前章で述べたとおり、しつけは二つの要素から成っている。第五章では、二つのうち、主に親の気の持ちよう、態度、思いこみについて語ってきた。本章ではいよいよ、実際に子どもの行動を改めさせる具体的なテクニックについて解説していく。

「子どもの行動を改める」と銘打ったプログラムは百花撩乱。何百種類というプログラムが提唱されている。でも基本はみな同じ。目的は、困った行動を減らし、望ましい行動を増やすことだ。

首尾一貫した対応さえ心がけるなら、ＡＤＨＤの子どもたちにも、こういったテクニックが十分に通用する。ただし、この子たちの場合、少しばかり独特の注意が必要かもしれない。効果の現れかたが変則だったり、ムラがあったりするので、最初からそのつもりでいた方がいい。

子どもがＡＤＨＤとなると、しつけようにもなかなか勝手がわからないものだ。この子にはどの方法が効果的なんだろう？　どうしたらこの子にとってプラスになるんだろう？　たくさんの先輩パパたちが試行錯誤を重ねている。手厚く支えてやらなくては。でも一方で、少しずつでも自分の行動に責任を負うことを覚えさせなくては……。そのバランスに頭を悩ませる父親は多い。

有名なしつけ法の本、『One-Two-Three Magic!』の著者、トーマス・フェラン氏の前書きの中に、こんなことばがある。

「人間の子どもが生まれるときには、使用説明書はついてこない。だから、大人は勉強しておかなくてはならないのだ。困った行動が見られたらどうするか。好ましい行動を増やすにはどうするか。どんな子どもでも、たまには親を自分の思いどおりに操ろうとする。どの程度までなら叱られずにすむか確かめようと、わざと小さな規則違反をしてみせる。そんなときはどうするか。

子どもをしつけるときのやりかたは、まず、公正でなくてはならない。次に、迷う余地がないよう、あいまいさを残してはならない。そして、子どもを傷つけてはならない。確かに厳しい要求だが、平和な共存のためにも、子どもの〈人生を愛せる力〉を伸ばし、〈自分を大切にする力〉を育てるためには、これだけは絶対に譲れない」

では、ＡＤＨＤの子を育てる父親が、この規準にのっとってしつけをしようと思ったら、どうすればいいのだろうか？

子育てのスタイルは人さまざま。自分の育ってきた環境、子ども時代の経験、受けてきた教育、自分の気質や性格などによって決まるのだろう。

だが、数えきれないほどの父親と会い、話を聞くうち、成功している父親たちには、ある共通のパターンがあることがわかってきた。この章では、息子の問題行動をみごとに減らすことができた、そんな先輩パパたちの証言を紹介していく。これから登場する父親たちは、いわばこの道の達人。何といっても、長年にわたって息子の問題行動と向かい合ってきたのだから。

そんな達人たちは言う。ＡＤＨＤゆえの困った行動をコントロールするのは、一朝一夕にできることではない。父親も、息子も成長しなくてはならない。それに、父親は、息子のＡＤＨＤについて勉強しなくてはならない。だから、それだけの**時間がかかる**のだ――。

成功している先輩たちの教訓はもう一つ。まずは**変わりたい、変えたいという熱意**がなくては始まらない。いがみ合うのはもうたくさんだ、今までやってきたしつけでは役に立たなかったじゃないか。これからは違うぞ、これからはもっといい親子関係を築いてみせる。そんな信念が大切だという。

子どもの行動を改めさせながらも、父子のつながりを強めるしつけ法。懲らしめるよりも、手を貸し、支え、それでいて問題行動をやめさせるしつけ法。どうすればそんなシステムを作れるのだろうか？

成功している先輩パパたちが最大の武器として異口同音にあげていたのは、子どもが荒れているとき、悪いことをしているときに**親が動揺を見せないこと**だった。確かに難しい課題かもしれない。だが、親が落ちついていれば、場の雰囲気をクールダウンさせるのにも役に立つ。それに、親がカッとなって、よけいに子どもを刺激する悪循環も避けられる。

戦略1　親の動揺を子どもに見せない

- 「平静な態度をキープする」。これがスタート地点。
- ＡＤＨＤとは何なのか、学べるだけ学ぶ。わが子の行動にＡＤＨＤがどんな影響を与えているかを知っておけば、子どもの反応を予測するにも、精度が上がる。

●「自分はもう少しで爆発しそうだぞ」と気づいたら、すぐにその場を離れて頭を冷やす。続きは妻にバトンタッチすればいい。自分でやるなら、あとで落ちついてから再開する。

気がついたんですが、しつけで一番大切なのは、息子が悪いことをしたときの、こっちの態度なんです。クリスが診断されて、薬を処方されるようになる前は、ぼくはしょっちゅうカッとなっていました。言いつけに従わない、口答えをする、めんどうを起こした、そんなことがあるたび、とにかくしゃくに障って爆発してた。それがいけなかったんですね、息子はよけいに態度が悪くなるし、反抗的になる。向こうがエスカレートすると、ぼくもエスカレートする。悪循環です。あのころは、家じゅうがぴりぴりしてましたね。ものすごいストレスでしたよ。

でも、今はずいぶん変わりました。ぼくもADHDのことを勉強しましたから。前みたいな接しかたじゃ、ムダだってわかってるんで、今じゃやりかたを変えました。息子を見てて、「あ、危なくなってきたな」と気がついたら、こっちは極力、トゲのない言いかたを心がける。息子は興奮してるんだから、こっちはなおさら冷静に、理性をもって受けとめる。効果はてきめんですよ。これをやると、息子の態度ががらっと変わるんです。

今じゃ、家の中がぴりぴりしてるなんてこともありません。もちろんクリスだって、たまには悪いこともやらかしますが、そのときはあわてず騒がずタイムアウトを言い渡すだけです。悪いことをしたときだけじゃなく、ふだんの接しかたからして違う。前向きになったんですよ。でも、とりわけ、クリスが興奮しかかってるときは、こっちの出かた次第で全然変わりますね。

デイヴが言いつけに逆らったり、八つ当たりしたりすると、やっぱり腹が立ちますよ。首根っこを引っつかんでどなりつけてから、部屋に閉じ込めてやりたくなります。以前は、そのとおりにしてましたけどね。それもしょっちゅう。

けど、私もだんだん、息子が感情的になってるときは、冷静な対応を心がけるようになりました。おかげで、事態は驚くほど良くなりましたよ。

ＡＤＨＤのある子どもたちは、思いどおりにならないことがあると、とかく攻撃的になりやすい。だからなおさら、悪いことをしたからといって、親が手を上げたり、声を荒らげたりするのはやめた方がいい。子どもが度を失っているときに、父親が一緒になって度を失ってしまったのでは、悪いお手本を見せることになり、攻撃的な態度を奨励する結果になってしまう。まずは父親が自分を律し、怒りとじょうずにつき合っている姿を見せよう。息子にとっては、衝動や感情のコントロール法を見習う貴重なチャンスになるのだから。

さらに、「あ、雲行きが怪しくなってきたぞ」と気づいた段階で、親が積極的に場の雰囲気をなごませる努力をすれば、子どもがかんしゃくを起こし、叱られるのを未然に防げるかもしれない。

家庭内の秩序を保ち、子どもの生活環境を整えるのは大人の責任ですよ。だから、親が率先して努力しなくちゃ。

でも、いくら環境を整えたからといって、つまずかなくなるなんてことはあり得ません。どんなに準備をしても、子どもは必ず失敗するものです。だから父親たるもの、日ごろから、子どもに安心感を与えておかなくちゃ。子どもが「失敗しても、パパがついているんだ」「船が傾いても、パパが支えてくれるから、転覆する心配はないんだ」って思えるようでないと。

うちのジェスには、よく、こう言ってます。「なあ、これは明日までにやらなくちゃいけないんだろう？　もし、パパがついてない方がいいんだったら、あっちへ行くから。それとも、パパがいた方がいいかい？　それなら、できるだけの手伝いはするから」ってね。息子が自分で自分をコントロールできないでいるときは、言うことをきかせようとか、そういったプレッシャーはかけないようにしてるんです。

体罰は是か非か？

「しつけのためなら、体罰は許されるべきだろうか？」確かに難しい問題で、賛否両論がうず巻いている。専門家の間でもやはり意見は一致しないようだ。

親がしつけの手段として子どもに体罰を加えると、子どもに「その場の主導権を握るためには、暴力を使えばいい」というお手本を見せてしまうことになる。つまり、「自分の意思を力ずくで押しとおすことは、悪いことではない」「ある程度なら、暴力をふるってもかまわないんだ」というメッセージが伝わってしまうのだ。

それに、子どもが困った行動をとってしまうのはＡＤＨＤのせいなのに、それを止めるのに体罰を使うことは、中立公正とはいえないし、しかたのないことでもない。

さらに進んで、怒りにまかせて思わず叩いてしまうようになったら、これはもう、かんしゃくの大人版だ。子どもたちに「そうか、人間は、腹が立ったら相手を叩くものなんだな」と教えてしまう。

情緒の面でも困った副作用がある。特に、ほかのきょうだいは誰も叩かれていなくて、体罰を受けるのはＡＤＨＤの子だけというときにはなおさらだ。ＡＤＨＤをかかえて暮らしていると、ただでさえ恥をかく機会が多いのに、その重荷が体罰によってなおさら重くなってしまいかねない。

〈平静な態度を崩さないこと〉と並んで、成功している先輩パパたちが口をそろえて語っていたのは、場所を移動するとき、慣れないことをさせるときは予告して、心の準備をさせれば、問題行動がかなり未然に防げるということだった。変わったことがあるときは、親が早めに教えておけば、子どもは先の見通しを立てることができる。心配な点があれば、相談することもできる。「こんなときは、こう言おうね」と、会話の練習をしておくこともできる。「正しい態度は、こうだよ」と、ルールを確認することもできる。

こうした〈予習〉のときに約束したことは、後になって動かしてはならない。また、説明は少しでもあいまいな点を残してはならない。この二点さえ守るなら、予習をすることで、子どもの問題行動は目に見えて減るものだ。次のお父さんの証言を見れば、その威力がはっきりとわかるだろう。

ジョンが失敗したり、調子の悪いときがあったりしても、今は、私まで頭に血がのぼってしまうことはありません。以前の私なら、ジョンのやることが少しでも期待に添わないと、それっとばかりに叱りつけてましたけどね。でも、今の私は、よく知ってますから。ジョンはジョンなりに、全力をふりしぼってるんです。それだけでもう、ほめちぎってやるべきなんだ。

うちでは、何をするにも、前もってよく話し合う時間をとるように心がけています。こんなことがあるよ、これはがっかりするかもしれないよ、これはうまくいかないかもしれないよ、ってね。映画だろうと、野球の観戦だろうと、きちんと心の準備をさせてます。いきなり本番なんてことはありません。

前はそうじゃなかった。映画に連れていけば、売店で目につく物を何でもほしがる。帰りにゲームコーナーに寄れば、「もう一回だけ、もう一回だけ」と延々やりたがる。しまいに私の雷が落ちて、その日は一日じゅう、家族全員がぴりぴりしてたものです。

今では、あらかじめ「いくつまでだよ」と約束しておくようになりました。たったそれだけで、トラブルの減ったことといったら、驚くほどですよ。

あいまいな点を残さないこと。そして、いったん約束したことは動かさないこと。しつけのコツっていってもいろいろありますけど、私たちの関係を良くする上では、この二点が一番役に立ちました。

戦略2 移動・変化の前には、心の準備をさせる

●この先、どんな変化・移動があるか、よく考えてリストアップする。薬の効き目が切れる、買物に連れて行く、教会へ行く、などなど。

●前もって、その場でのルールを教えておく。行った先では何をするのか、何があるのか、どんな態度が求められているのかをよく話し合っておく。

●「これくらい、言わなくてもわかるだろう」は禁物。

●ルールを破った場合の罰も、あらかじめ具体的に予告しておく。ただし、度を越した罰

はいけない。罰を決めるのは、子どもが自分の行動を自分で直せるよう、チャンスを与えるのが目的なのだから。たとえば、ピクニックの最中にルールを守らなかったからといって、みんながピクニックを終えるまでの三時間、一人で車の中で謹慎させたところで、今後の教訓として役に立つとは思えない。それよりも、〈アイスクリームを一回分、買ってもらえなくなる〉〈ほしがっていたおもちゃを一個、買ってもらえなくなる〉の方が妥当だろう。

子どもの得意な点に注目し、何か能力を発揮できそうな場を設定してやろう。そうすれば、ＡＤＨＤのある子も、「ぼくにも力があるんだ」と実感できる。ほかのことでは失敗経験が多くても気をとり直せるし、「ぼくはできる子なんだ」と思える。こうすることで、問題行動も減り、本人の自尊心も高めてやれる。きょうだいに〈よい子〉〈できる子〉がいたとしても、その子との比較で傷つくのを防いでやれる。

どんな子どもであろうと、子どもたちは全員、いつでも「こんなタイプの子なんだね」「これが得意なんだね」と認めてもらえるようでなくてはならない。「こうじゃないから」と冷たく扱われるようなことがあってはならない。

次に登場してもらうお父さんの場合も、子どもの長所を認めてやったことが功を奏したようだ。

子どもたちは、一人ずつ違います。だから、接しかただってそれぞれに変えなくちゃいけない。うちには娘もいるんですが、その子は英才児コースに入ってて、高校生なのに、もう大学の内容を習っています。娘は何でも自分から興味を持って手を出すタイプで、知的な面で優れてる。だから、私たちの接しかたも、息子に接するときとは変わってきます。娘との会話では、どうしても、知的な興味をそそるような話題が多くなる。娘も、抽象的な概念には強いですから、どんどんついてくる。

一方、ティムに話すときは、情報は細かく小分けしてやらなくちゃいけません。課題もそう。小さな単位に分けてやらせてます。発達のレベルからいって、ティムにはまだ、姉のように勉強で成功することは無理です。

でもティムには、勉強以外にすぐれてるところがある。だから私たちも、ティムの強い面はなるべく伸ばしてやるよう、力を入れてます。「がんばったらできたんだ」って思いを味わわせてやりたい。「ぼくには、得意なことがある」って実感させてやりたいじゃないですか。ティムは運動神経が抜群です。だから、どんどんスポーツをやらせて、充実感を経験させるよう、そのためのチャンスを少しでも与えるよう、心がけてるんです。

勉強の面では、とにかくこつこつとでもいいから、投げださないこと、全力を尽くすことを教えてます。姉と比較するようなことは絶対にしないよう、気をつけてます。

二人はわりと年が離れてるから、その点は恵まれてましたね。学力に差はあっても、学年が離れてれば、本人もさほど生々しく感じずにすむでしょうし。私たちだって、比較しない雰囲気作りがしやすいですから。

それに、私もだんだんわかってきましたよ。ティムのかんしゃくを予防するには、何よりも、こっちが肩の力を抜くこと。そして、日ごろから「困ったことがあったら、いつでも呼びなさい。父さんはいつでも手伝いに行くよ」ってことを、ようくわからせておくことなんです。

戦略3　子どもの長所・得意分野に注目する

●息子は親の思っている以上に良いこと・正しいこともしているはず。まずはそれを見すごさず、注目する練習をしよう。ＡＤＨＤのある子どもたちの場合、悪いことをするとどうしても目立つ。騒がしいし、立ち直りも遅い。ＡＤＨＤのない子に比べて、爆発の規模も大きく、回数も多いだろう。そのせいで、親はとかく、困った点にばかり目を奪われやすい。ＡＤＨＤの子だって、よく見ていれば正しいふるまいもしているし、キラッと輝くすてきな面もあるのに、見すごすクセがついてしまうのだ。

●親が何かをやろうとしているときに、息子が手伝いたいと言ってきたら、できる限り手伝わせてやろう。「ねえパパ、あの木を切るの、手伝わせて」「花壇にわらを敷くんでしょう、ぼくもやりたい」「車を直すの、手伝いたい」などなど。本人がせっかく参加したい、役に立ちたいと思っているのだから、芽を摘みとらないように、大いにチャンスを利用しよう。

●息子が自分から何か人の役に立つことをしていたり、良い行いをしたりしているのに気がついたら、しっかりと視線を合わせて、いいことだねと指摘してやる。なにも大げさにほめる必要はない。「お前のやっていることはちゃんと見ているよ」ということが伝わりさえすればいい。また、あとになって、よく似た用事を頼みたい、応用的な課題をやらせてみたいと思ったときに、このときの話を引き合いに出すのもいい。たとえば、「なあジム、昨日は、お隣のジョニーちゃんの遊び相手をしてやってたよね。今日も小さい子のお世話をしてみないか？　弟をお風呂に入れるから、お風呂まで連れて行ってやってくれないか？」と言うのもいい。

子どもの好みを知り、何をごほうびにすればやる気をひき出せるかを知るのも大切だ。また、良い行動に導くには、選択肢を提示して本人に選ばせる形にすると、「自分で決めたことだからがんばろう」という意欲が生まれやすい。

戦略4　子どものやる気を引きだす方法を知ろう

●ADHDのある子どもたちだって、必ずしもごほうびでやる気を出すとは限らない。親が「この子はこれで動くはず」と思っても、それが当たっているという保障はない。わが子のやる気をひき出そうと思ったら、本人の好き嫌いや希望を正しく知ることだ。「なあジョニー、晩ご飯のあと、一緒に遊ぼう。何して遊びたい？」「うーんとね、隠れんぼ！」「よし、じゃあ、晩ご飯までに宿題を全部仕上げて、配膳のお手伝いもやったら、食後は二〇分間、隠れんぼをしよう」

●「思いつくままに行動するより、よく考えて行動する方が得だぞ」と思えるような場面を設定しよう。本人がやりたくない選択肢ばかりを並べて選ばせたところで、やる気に結びつくはずがない。「マーク、今度の週末は、何がしたい？」「バッティングセンターに行きたい」「よし、じゃあ、今週いっぱい、学校から帰ったらすぐ、文句を言わないで宿題をやるかい？」「うん、文句言わない」「わかった。じゃあ得点表を作ろう。毎日、マークが約束を果たすたびに、この表に印をつけるんだ」

●息子が良い行いをできるよう、やる気を引きだすのは、買収ではない。好きな遊びを励みにすることで、本人がもとから持っていたやる気が自然に増幅されるのだから。

戦略5　選択肢を与えよう

●選択肢を提示して自分で選ばせれば、子どもは「自分の行動は、自分で左右できるもの」という実感を味わうことになる。たとえば、「なあポール、今日のお手伝いは自分で選びなさい。芝生を刈るか、生け垣を刈り取るか、家じゅうのゴミを集めて、外に出すか。三つに一つだ。どれをやりたい?」と言えば、子どもは、自分なりに気乗りのする用事を選ぶことができる。この方法の変形として、こなすべき用事を一枚ずつ紙に書き、カゴに入れて、くじ引きのように一つか二つ抜き取らせるやりかたもある。この方法でも、一方的に言いつけられたのと違って、「自分で引き当てた」という気がするものだ。

●選択肢を与えて選ばせるときは、ものの言いかた、ことばの選びかたに気をつけよう。「芝生を刈るか、車を洗うか、それがいやなら部屋で謹慎だ」と言ったのでは、良い行動に導く動機づけにはならない。子どもに選ばせるといっても、〈用事をやらない〉という選択肢を入れてはいけない。必ず、どれかを選ばせ、選んだものを最後までやりとげさせてやる。

子どもたちに「こうしてほしいな」と思うときは、なるべく選択肢を並べて、選ばせるようにしていいます。タイラーに対しては、特にそうですね。

今朝もこんなことがありました。早く出かけないといけなくて、こっちは気がせいているのに、タイラーときたら、靴下をはいただけで、何も着ていない。だから言いましたよ。「タイラー、自分で選びなさい。長い針が『2』のところに来るまでにしたくをすませるか、帰ってきてから三〇分間、お部屋で謹慎しているか。二つに一つだよ」ってね。言いっぱなしじゃなく、必ず、復唱させます。

この方法は、とてもよく効きます。同じことを言うのでも、一方的に命令したんじゃ、しょっちゅう言い争いになるのに。

このお父さんの場合、与えた選択肢を子どもに復唱させることで、誤解を防ぐのに役立っている。

ただし、このテクニックは安易な気持ちで使えるものではない。親の側は、いったん口にしたことは、何があっても実行しなくては意味がないのだ。もしも着替えが間に合わず、三〇分のタイムアウトと決まったなら、外出から帰ったあと、忘れずにタイムアウトを課さなくてはすべてが台なしになる。この方法を正しく実行しようと思ったら、行き当たりばったりな対応に比べて時間がかかる。最初からそれを計算に入れて始めないと、時間に追われる生活をしている人の場合、かえっていらだちがつのるかもしれない。

これまでに何度もくり返してきたことだが、望ましい行動を増やすには、〈いったん口にしたことは必ず実行すること〉と〈方針を途中で変えないこと〉が不可欠だ。でも、それは決して易しいことではない。誰でもときにはつまずくことはある。それに、人によっては、どうしてもこの点が苦手だという父親もいるものだ。

あの日のことは今でも忘れられません。最悪の日でした。とにかく、どうしようもなく不満がたまってしまって。何がきっかけだったのか、具体的なことは覚えてないんです。あのころは、ひっきりなしに衝突が続いてましたからね。いつ終わるともしれなくて。とうとう私は、がまんも限界になってしまいました。しつけのコツとか、いろいろ習ってはいたけれど、もう守りきれなかった。子育て教室の先生方は、「こっちは大人なんだから、子どものやることは一段上から見なさい」とか言うけれど、そんなのもう無理でした。

私はジェフを連れ出して、脅迫したんです。「おい、みんなお前のためにできるだけのことはやってきたんだ。なのに、何も変わらなかったじゃないか。いいか、今度同じことをやったら、見てろよ、今度は殴ってやるからな」ってね。

こうして脅しても、やはり効果はありませんでした。そして、私は予告したことを守らなかった。殴る代わりに、あいつを無視して、近寄らなくなった。もう、どうしていいかわからなくなってしまったんですよ。

このお父さんの場合、失敗をくり返すうちに、「どうせ何をしたってうまくいくものか」というあきらめにとらわれてしまったようだ。最後には体罰を加えるぞと脅してみたものの、やはり効果はなかった。

前にも述べたとおり、ＡＤＨＤの子どもを育てるのは、苦労の連続だ。ときには、すっかりとほうに暮れてしまうこともあるだろう。

だが、暴力や脅しでは、子どもの行動や態度を改めさせることはできない。まずはこの点をしっかりおさえることだ。次に、わが子の能力には限界があるのだと認めてしまうこと。そうすれば、「この子は自分が支えてやるしかない」と思えるのではないだろうか。

次に紹介する二つの例を見てほしい。昔ながらの、何の変哲もないテクニックでも、親が途中で方針を変えず、一度言ったことは貫くようにするだけで、これほどの効果があがるのだ。しつけが成功するか失敗するかは、テクニックの種類よりも、テクニックの運用に一貫性があるかどうかにかかっているのである。


うちでは、体罰は使いません。道路に飛び出すとか、そういう危ないことをしたときだけはおしりをぴしゃっとやりますが、それ以外はまず手は上げません。

カウンセリングや、自助グループで行動療法ってのを習ってきたので、それを使ってます。ほら、普通によく聞く、タイムアウトとか、得点表とか、にこにこシールとか、いろんなごほうびとか、そんなやつです。効果はてきめんですよ。マークは前よりずっと、自分の行動を意識するようになったし。ごほうびを励みに、一所懸命に行動をコントロールしようとしてますし。

今はまだ、外から与えられるごほうびにつられてコントロールしてる段階ですが、この子ももっと年齢が進めば、自分で決めて自分で実行できるようになるでしょうし、毎日の生活習慣として、すんなりなじむでしょう。

わが家で一番気をつけてるのは、子どもたち全員を公平に扱うことです。何かがじょうずにできたら、たっぷりほめる。決まりを知ってるくせにぐずぐず言ったり、どこまでなら叱られずにすむか、試そうとしたりしたら、お仕置きをする。違反した子は退場、謹慎を言い渡すか、楽しみにしている遊びをとり上げる。

エディーだけがADHDで、ほかの子がそうじゃないからって、差をつけるようなことはしませんよ。確かにエディーはほかのみんなより手がかかりますが、でも、それがかえって得になることも多いんです。エディーが荒れてるときは、一対一で時間を割いて、お前には父さんがついてる、家族のみんながついてるって言い聞かせるようにしてますから。これは本当に効果があるようで、本人も必死で自分を抑えようとしてますしね。あるいは、やっぱり今は自分を抑えられないなと思ったら、自分から席をはずすんですよ。大したものじゃありませんか。あの子はまだ八歳なんですよ。たった八つの子が、今にも爆発しそうだからっていうんで、一人で外へ出て行く。それだけでも立派なものだと思います。

確かにすばらしい話だ。だが、これまで何度もくり返してきたように、効果が上がるかどうかは、〈どのテクニックを選ぶか〉よりも、〈選んだテクニックをどう活用するか〉にかかっている。

次の例からもわかるとおり、父親の態度が首尾一貫しているかどうかと、子どもがトラブルを起こす頻度は大いに関係がある。親子の関係が安定していればいるほど、子どもが起こすトラブルは全般的に減るようだ。


ぼくとベンの関係がうまくいっているのは、ぼくが、一度口にしたことは必ず実行するからでしょうね。ベンの神経系がどうなっているとか、そういう専門的なことはぼくにはわかりません。でも、そんなの、細かいとこまで知らなくたっていいんですよ。こいつの前では、一度言ったことは動かしちゃいけない。それさえ知っていればね。

そりゃもう、効果は絶大ですよ。何てことのない当たり前のことでも、小さく小分けして示してやる。そして、一度教えたら、そのとおりに貫く。こうすれば、子どもたちだって、自分は何をどうしたらいいのか、迷わずにすむんです。

急な変更は極力避ける。何でも予告して、前もって話し合っておく。それだけで、本当にトラブルが減るんです。

戦略6　首尾一貫した態度を保つ

●首尾一貫した態度は、健全で、楽しく、明るい関係を築く礎石となる。父親が一貫して落ちついた態度を保ち、一度口にしたことはもれなく実行し、賢い問題解決法の手本を見せているなら、子どもとの関係がすばらしいものになる確率は高い。逆に、ある日は冷静なのに次の日はかんしゃくを起こし、さらに次の日は自分の殻に閉じこもってしまうようなら、子どもは、父親とどう接すればいいか迷ってしまう。いつも同じ方針を貫き、公正かつ冷静な態度を崩さないこと。大変だが、実りは実に大きい。

もう一つ有効なのが、**良い行動を見つけてほめること**である。良いことをするたびに目を止めてほめているうち、「自分のことは自分で決められるんだ、自分で変えられるんだ」という意識が根づいていく。そして、少しずつ、人にほめられなくても良い行動は心地よいと感じるようになり、何度もくり返すようになっていく。

親の側が、困った行動よりも好ましい行動を探すように心がけていると、子どもは「また叱られるのかな」という気持ちではなく、「またほめてもらえるかも」という気持ちですごす時間が増えてくる。

とはいえ、ある行動を奨励したりしたからといって、必ずその行動がくり返されるという保障はない。なにしろ、ADHDの子どもたちは衝動に流されやすいし、落ちつきもなく、注意力も弱いのだから。ただ、ほめられることで、「自分は値打ちのある人間なんだ」という感覚が育ち、それが間接的に改善に結びつくにすぎない。ほめれば即、ほめた行動が増えるといった単純なものではないのだ。

父親が日ごろから息子の良い点を探してほめるのが習慣になると、親子関係の雰囲気が変わってくる。調子の悪い日には相変わらず衝突することもあるだろうが、二人の間では「楽しく、心地の良いやりとり」が基調になるのだ。

次に紹介するお父さんの話では、父親が息子の好ましい行動に注目しているときの方が、困った行動は大幅に減るという。


ぼくはもとから、叱るよりもほめる方が好きなタイプだったんですけどね。でも、ジェフにはほめる方が実によく効くってわかったものですから、なおさら意識的に、いいことをしたところを見つけてやるようにしてます。

悪いことをしたときは、タイムアウトを言い渡すか、テレビやファミコンを禁止するようにしてますが、そういうことはめったにありませんね。

何かうまくやってるところを見つけるぞ、じょうずにできてるところを見つけるぞ。そんなつもりで注意して見てれば、びっくりしますよ。子どもって、悪いことしてるより、ちゃんとしてることの方がずっと多いんです。

わが家の場合、この方法のありがたみはことのほか大きいといえるでしょうね。ジェフは人のカンに障る子で、みんなを怒らせることが多いですから。

戦略7　良い行動を見つけてほめよう

●好ましい行動、正しい行動を奨励する方法は無限にある。例「ようしスティーヴィー、こうしよう。今日から金曜日まで一日も休まずに、一五分ずつ本を読んだら、土曜日にはこの三つのうち、どれか一つを一緒にして遊ぼう。いや、この三つじゃなくても、お前が好きな案を出してもいいんだぞ」

●父親が息子の良い行動をほめればほめるほど、父子の関係は楽しく実りあるものになっていく。

●いったん獲得したごほうびは取り上げない。「これをきちんとやったら、ごほうびはこれだぞ」と予告して、息子が言われたことをやりとげたなら、たとえ別のことで悪いことをしても、そのごほうびは撤回してはいけない。確かに、場合によっては、ごほうびを延期するしかないこともある。だが、そんな場合は、「あとでさっきのごほうびが待っているんだよ」と請け合ってやるのを忘れないこと。そうすれば、早く立ち直ろう、早く気分を立て直そうという動機づけにもなる。

子どもが自分の感情をコントロールできずにいるときにも、父親が見捨てずにより添っていてやれば、子どもには「ぼくはダメな子じゃないんだ」というメッセージが伝わる。不機嫌な息子を前にして「パパは味方だよ」と言いつづけるのは、確かに楽なことではない。だが、投資だと思ってがんばろう。長い目で見れば大きな利息がついて返ってくるのだから。

さらに、雰囲気が緊迫しているときに、父親が機転をきかせて場の空気をなごませてやれば、子どもも立ち直りが早くなるし、立ち直ったあとも悪い印象を引きずらずにすむ。

ぼくの場合、ジョッシュをしつける上で最大の武器といえば、あいつが何かやってるときに「ずっとそばにいてやること」ですね。そりゃ、いくら教えても通じなかったり、言われたことを守らなかったり、いやになることはあります。でも、そんなときも、「父さんがついてるから。いつでも手伝う用意があるから」ってことははっきりさせとかなきゃ。

以前は、ジョッシュを脅してでも、こっちの言うやりかたに従わせようとしてたもんです。でも今は違う。ただ横にいて、集中しやすいように手伝ってやるだけ。

たとえば宿題をするなら、タイマーをセットしてやる。タイマーが鳴ったら、席を立っていい。そこらを走ってきてもいいし、腕立て伏せをしてもいい。二、三分、外の空気を吸ってきてもいいってね。休憩が終わったら、また続きをさせるんです。ところがジョッシュのやつ、タイマーが鳴っても、まだしばらく続けてることがよくあるんですよ。たぶん、ずっとがんばらなくてもいいんだ、休憩のときにはのびのびしていいんだってわかってると、それだけで気が楽になって、かえって集中できるんでしょうね。

「これくらいの課題、達成できるさ」って思えるのは、気分のいいものです。どんな子どもにだって、味わわせてやるべきだ。全部が無理なら、「途中までならできるぞ」でもいいんです。そんな気分を味わったことがないんじゃ、全力を出そうっていう気にならないでしょう。

われわれもだんだんトッドの扱いがうまくなってきましたよ。以前なら、まるで羊と羊のけんかみたいに、真正面からぶつかりあってたものですがね。今じゃ、「おいトッド。それは違反だぞ。家族や友だちに向かってその態度はダメだ。それは人前でやることじゃない。腹の中の気持ちは、口で言わなくちゃ。もう少し落ちついてしゃべれるようになったら話し合おう。でもまずは頭を冷やしなさい。外を散歩するか、自分の部屋で静かにするか。冷静になって、考えをまとめてきなさい」って言うようになりました。

あるとき、気がついたんですよ。こいつには真正面からぶつかったんじゃ逆効果だってね。今のやりかたは、まずは波をしずめること、白熱した空気をさますこと、話し合いのできる舞台を作ること。今までのところ、トッドも乗り気らしく、いつも協力的です。自分でも言ってたくらいです。「今の方が、ママもパパもぼくのことわかってくれてる気がする」って。

戦略8　「お前の味方だよ」という態度を崩さない

●できる限り、そして、逆効果にならない限り、「お前もつらいんだね」「精いっぱいがんばっているんだね」と認めてやろう。「今は苦しいだろうね。気持ちがおさまったら、いい方法を一緒に考えよう」「お前もつらいだろう。父さんも腹が立ってる。だから、ふたりとも冷静になったら、続きを話し合おう」「パパの言うことが気に入らないときは、いきなりどなり返すんじゃなくて、まず質問するようにしなさい。どうもお前は、早とちりして怒ってるみたいだよ」などなど。子どもは興奮しているから、そのときは伝わっているように見えないかもしれないが、内心は心強く感じているものだ。
●父親が見捨てず寄り添うことで、「今は調子が悪いだけ。ずっとこの状態が続くわけじゃない」というメッセージが伝わる。そうすれば、本人も「どうせぼくは悪い子なんだから」と投げやりにならずにすみ、一時の行動の乱れがクセとして定着してしまうのも防げる。
●もう一つ大切なのは、親自身がなるべく早く怒りから立ち直ること。父親がいつまでも恨みを引きずっていたのでは、息子はずっとばつの悪い思いをしていなくてはならない。父親がすばやく頭を冷やせば、息子もそれだけ早く頭を冷やせる。
●どうしても冷静な態度をとるのが難しいときは、一人でがんばらない。配偶者に助けてもらう、カウンセラーに相談する、本や資料を読む、友だちに頼る。いつもいつも息子の味方でいるなんて容易なことではない。とりわけ、お互いに興奮しているときはなおさらだろう。いざというときに頼りにできる相手を見つけておけば、ずいぶん楽になるものだ。

子どもが本当に学べるしつけ、「お前のためを思って言っているんだよ」というメッセージが伝わるしつけ、そして、家族の誰もがプライドを傷つけられることなく、胸を張って暮らせるしつけ。そんなしつけのシステムを打ち立てるのは決して簡単なことではないが、苦労するだけの値打ちはあるはずだ。

息子が大きくなるにつれて、私たち親も大人になったなあと思います。以前は私も、自分の意見を無理やり押しつけてましたし、何かことが起これば、力でおさめようとしてたもんです。でも今は違う。まずは立ち止まって、状況をよく見る。その間に考えをまとめて、頭を冷やす。たったそれだけのことで、火に油を注がずにすむんです。今じゃ、冷静に解決できないことなんて、めったになくなりました。

私とトニーの関係を決める大きな鍵になってるのは、一度言ったことは動かさないってことですね。それから、悪い点を指摘するときは、傷つけるためじゃなく、成長させるためなんだから、なるべく淡々と言う。そして、トニーの言い分もよく聞く。こっちががっかりしてることは正直に話すけど、それをトニーにぶつけない。今の私は、息子のために、昔よりもずっと安全な居場所を作ってやれていると思います。

父から息子へ、最大の贈り物

さて、この章で紹介してきたのは、子どもをしつける上で大切な指針ばかりだ。とはいえ、実際に子どもが荒れ、暴れているのを目の前にして、これらを一つ残らず忘れずにふるまうなんて、恐ろしく難しいことだろう。完璧を目ざしすぎて、自分を追いつめないこと。でも同時に、子どもは親が頼りなのだということも忘れてはいけない。

息子のありのままの姿を認め、尊重すること。これこそ、より良い親子関係、より有意義な親子関係へむかう第一歩だ。次のお父さんも語るとおり、息子の本来の姿を受け入れることは、父が息子に与えうる最大の贈り物だと言っていいだろう。

エドをここまで育ててくるのは、本当にままならない思いの連続でした。ADHDの子を持った父親なら、ほとんどの人がそうだと思いますが、この子たちを相手にするには、よほどの忍耐が必要なんです。

それだけじゃない。父親たるもの、息子にはいろいろ期待しますよね。ところが、現実の息子は、どうも期待してたのと違ってた。人にもいろいろけちをつけられた……。そうなると、つい息子を見る目が変わってしまうもんです。もっとがんばれ、普通になれ、ってプレッシャーをかけちゃうお父さんが多いんじゃないでしょうか。でもね、それじゃ、丸い穴に四角い杭を押しこむようなもんです。この考えにとらわれてしまったら、親も子も苦しむばかりです。

親にしてみたら実につらいことかもしれません。でもね、「こいつはこういう子なんだな」って認めてしまうこと。「この子の力は、今はこの程度なんだな」と見きわめてしまうこと。それこそ、父親が息子にしてやれる、最大の贈り物なんですよ。

復習　ＡＤＨＤの息子をしつけるための戦略

- ●親の動揺を子どもに見せない。
- ●移動・変化の前には心の準備をさせる。
- ●子どもの長所・得意分野に注目する。
- ●子どものやる気を引きだす方法を知ろう。
- ●選択肢を与えよう。
- ●首尾一貫した態度を保つ。
- ●良い行動を見つけてほめよう。
- ●「お前の味方だよ」という態度を崩さない。

第7章　ADHD児と薬物療法

本当のあの子が帰ってきた！

まずは八歳の男の子、ピーター君の例を紹介しよう。診断から治療の流れとしては、ごく一般的なパターンだ。また、子どもに薬を飲ませるときの父親の複雑な気持ちもよく表れている。

ピーターを初めて検査に連れていったのは、二年生のときのことです。ちょっと発達が順調とはいえなかったものですから、もしかしてLDかなと思ったんです。小さいときは何とも思ってなかったのに、一年生になって、本格的に勉強らしい勉強が始まってからおかしいなって気がついたものですから。結果はADHD。ピーターは二年生でした。

それからしばらくたって、リタリンを飲ませることになりました。最初はいまひとつ気乗りがしませんでしたよ。まだ小さいのにって。でも家内は、薬で状況が良くなるんなら、飲ませてやりたいっていう意見でした。実を言うと、「化学物質の力で楽な暮らしをする」なんてぼくのポリシーに反してるんですけどね。でも、協力することにしましたよ。よほどの副作用でもあるっていうんなら別ですが、そうじゃないなら、試してみてもいいかなと。ADHDは血液検査やMRIでわかるもんじゃありません。基準は本人の行動だけです。で、かんじんの本人の行動はといえば、息子はそりゃもう、問題だらけでしたから。

薬を飲むようになるとすぐ、指示が通るようになったし、何をやるにも集中できるようになりました。それまでは、何をするのも忘れるし、何でも落としたりなくしたりしてました。勉強でもお手伝いでも、最後までやらせようと思ったら、つきっきりで手伝ってやらなくちゃいけなかったのに。薬を飲んでるとスピードを落とせるから、「次は何をするんだっけ」ってふり返る時間が稼げるんですね。

飲みつづけてるうちに、少し遅れて、勉強や用事の手順を考える力が伸びてきました。教育と、行動療法と、個人指導とのおかげでしょう。成績も上がってきたし、行動の方も良くなってきました。薬がなかったら、スピードを落とすことができないから、個人指導の内容も耳に入らなかったでしょうし、行動療法の課題だって、なかなか全部は守れなかったでしょう。

ピーターは順調ですよ。薬を飲んでない時間でも、態度が前とは違います。とにかく万事、まわりとぎくしゃくしなくなって、本人が楽しそうにしてるんですよ。やっと、本当のこの子が帰ってきたという気がします。

ADHDの息子を育てる父親たちの話を聞いていると、診断前の不安、そして、治療の効果を目にしたときの驚きがひしひしと伝わってくる。病院に連れて行く前は、みなそれぞれに「どうもこの子の発達ぶりはほかの子と違う」「うちの子だけ、なぜかみんなになじめずにいる」と首をかしげていたのだ。

「何かおかしい」——そんないわく言いがたい違和感に動かされて、検査を受けさせる決心をした人が多い。そんな経過をたどった父親の場合、わが子の異常は最初から承知していたし、心を痛めてもいたから、治療を受けさせることにさほどの迷いはなかったようだ。

まず、そんな父親たちの生の声を聞いてみよう。


薬が効いてる間は、代謝が変わるんですね。ジョンもなんとかスピードを落とすことができる。おかげで、まわりをよく見る時間が稼げる。だから周囲の要求に合わせることもできるし、年齢相応のふるまいもできる。

薬を飲みはじめる前は、外見は八歳なのに、中身は五歳でした。特に遅れてたのは情緒面ですね。同い年の子どもたちと一緒にいると、差は歴然としてました。今は、薬のおかげもあるし、自然に成長したこともあって、あのころよりはずっとうまくやっていけるようになってきてます。問題解決のやりかたもうまくなったし、思いどおりにいかないことがあっても、前よりがまんがきくようになった。好きなこと・楽しいことを、先延ばしする力もつきました。ものによっては、ほかの子どもたちよりも進んでるところもたくさんあるくらいですよ。

この子がＡＤＨＤだったおかげで、私たちはいやでもこの子の発達に気を配らなくちゃいけませんでした。それも、早いうちからね。「これくらい、放っておいても自然にできるはず」は通用しないんですから。何を見ても、この子の年齢にしては標準なんだろうか、遅れてるんだろうかって意識することになりました。でも、こうして気をつけてきたおかげで、この子の方がかえって有利になった点も多いと思います。

最初は、ティムに薬を飲ませるなんて気が乗りませんでした。たぶん、自分の子に障害があるなんて認めたくなかったんでしょうね。薬なんか飲ませたら、この子はクラスのみんなと違うってはっきりしてしまう。それがいやだったんです。注意がそれてしまうのも、行動が乱れてしまうのも、何とか薬を飲まずに自力でカバーしてほしい、カバーさせてやりたい、そう思いました。心理療法も受けさせてみましたよ。本人がその気になりさえすれば、集中力がつくんじゃないかと思いましてね。

でも心理療法を受けさせてみても、なおさら現実を突きつけられるだけでした。この子にはもっと手厚い援助が、薬が必要なんだ、それがなかったら、この先かなり長い間、苦労をさせることになるんだって。

こんなのは一時的なもんだと思いたかった。映画でいえば、スクリーンに映ったゴミみたいなもんだ、みんなが本気を出してがんばれば、ひとりでに消えてしまうんだ——そう思っていたかったんですね。まあ実際は、薬を飲ませるようになってからも、ぼくらは相変わらず、本気でがんばってるんですけどね。ティムだって、薬を飲んだ上に、さらに自力で努力をしなきゃならないんですから。

でも、薬を飲むようになって、あの子は目に見えて伸びましたよ。分野によっちゃ、ほかの子よりすぐれてるところもあるくらいです。こんなに成長してくれて、その上、安定してくれて。本当にありがたいことだと思います。

こいつを何と呼ぼうと、どんな名前をつけようと、それは勝手だけどね。でもこれだけは認めなきゃいけないし、忘れてもいけない。ADHDの子どもたちってのは、脚を骨折してるのと同じなんだ。体の一部に自由のきかないとこがあって、その分、気をつけてやらなきゃいけないんだから。同じことですよ。

この子たちには、やりたくてもやりようのないことがある。体が、脳がそうなってないんだから。薬を飲むか、もっと大人になって、まわりに合わせる方法が身につくかするまでは、どうすることもできないんだから。

子どもは外の世界に出ていって、いろんな人に会う。そんな中で、本人が自分のことをどう受けとめるか。親のがんばりどころは、そこですよ。うちのジョウイーは、自分は本気で大事にされてるって実感してる。自分が何者だろうと、どんな子だろうと、関係なく可愛がってもらえるものだって思ってる。

だって、ぼくだって思い知らされましたからね。ジョウイーに無理をさせたってダメだって。持ってる力以上のことを求めちゃいけないんだって。だからぼくたちは、「自分のペースで進みなさい」「自分の力でできることをやりなさい」って励ますようにしてる。

「そろそろこれをやらせてもだいじょうぶだな」とか、「今なら、これをやらせたら、この辺までできるんじゃないかな」とかは、子どもをよく見てれば、自然にわかるもんですよ。

薬がうまく効けば、今まで障害にじゃまされて、やりたくてもできなかったことができるようになる。このお父さんたちは、みな、そのことに気づいたのだ。


子どもに薬を飲ませるなら、何のために飲ませるのかをしっかり理解しておきませんとね。うちの子の場合は、物ごとに集中させてやりたかったから。それに、人間的にも、もう少し成長させてやりたかったからです。

こうして薬が効いてる間に学んだことがある程度蓄積したら、息子もいつかは薬をやめられるんじゃないかと思ってます。何といっても、将来は厳しい競争社会に出ていかなきゃいけないんですからね。それまでに、薬の力を借りて、世の中で生きていくのに必要なことを身につけてほしいんですよ。

薬が効いているときは、スピードを落とせるものですから、人にほめられたり、喜んでもらったりできます。そうしたら、「人と接するときは、こうした方がいいんだな」って覚えられるでしょう。息子だって本当は人に好かれたいし、喜んでほしいんですよ。お友だちとも仲良く遊びたがってるんです。

それに、息子はもともと運動神経が抜群でしてね。それが薬で落ちついたおかげで、初めてスポーツで力を発揮できるようになりました。これまでは練習にも集中できないから、何を教えてもらっても聞きもらすし、技術も身につかなかったのに。
　私だって、うちの子は薬を飲まなきゃいけないんだって思うといやですよ。でも、薬を飲ませる前の状態を知ってますしね。それに、薬を飲むようになって、あの子の生活も、私の生活も、大きく変わったんですから。

薬が効くと、どんな効果が出るのだろうか？　表の14にその一部をまとめてある。

表14　薬が効くとできるかもしれないこと

●これまで活動過多だったのがスピードを落とせるようになるので、本人は力を抜いてくつろぐことができる。落ちつけるので、年齢相応の課題がこなせるようになる（積み木を積める、宿題を最後までやり通せるなど）。
●衝動に流されにくくなり、「いきなり行動せず、まず考える」ことができるようになる。
●注意を持続できる時間が長くなるので、これまでは途中で挫折しがちだった課題も、意欲を持って取り組めるようになる（順番を待つ、授業中に発表する、同じ年ごろの子どもたちとつき合う、約束やお手伝いを最後までやりとげるなど)。
●近視の子も眼鏡をかけたら目の焦点が合うように、勉強でも友だちづき合いでも、「今、この文脈で関係のある情報」に注目できるようになる。

このような効果があるとはわかってはいても、父親にとって、子どもに薬を飲ませるというのは、やはり難しい決断には違いない。治療が始まって、良い結果を目にしてからもなお、「これで良かったのだろうか」「長い目で見たら、悪影響はないんだろうか」と気にしている人が珍しくない。


息子に薬を飲ませるかどうか。つらい決断でした。ぼくが大人になってから、これほど難しい決断を迫られたことなんてそうありませんでしたよ。

最初のうち、薬なんて考えるだけでいやでした。それも、ポールはまだ四歳なのに。でも、もっと客観的に、理性で考えればわかってました。一生の決断でもあるまいし。第一、一生飲まなきゃいけない薬じゃないんだから。一度飲ませてみて、効き目を見てみるべきだ。それで良い結果が出たのに飲ませなかったら、親の怠慢だぞってね。

でもわが家の場合、思いきって飲ませてみて本当に良かった。本人もすっかり自信がつきましてね。何をするにも、構えからして違う。以前のポールはどこへやらって感じです。あの子だけじゃない、私たちみんなの暮らしが、大きく変わったんです。

中には、薬物療法に強い抵抗を感じる人もいる。頭では、これは神経系の不調だとわかっているし、薬で安定することも知っている、それでも、信じるのがつらいのだろう。この子は薬の力を借りないと自分をコントロールできないのだ、薬を飲みつづけなくてはならないのだ……。そう認めるのは容易なことではない。

次に紹介する例のように、薬物療法に同意してからも、そして、わが子の態度や能力がはっきりと良くなったのを目にしてからも、毎日続けて飲ませるのがいやで、とびとびにしか与えない人もいる。親にとって、わが子に薬を飲ませるというのは、それだけ精神的につらい決断なのだ。それでも、次に登場するお父さんたちは、のちに、きちんと飲ませた方がわが子のためになると気づき、迷いをふり払うことができた。

スティーヴィーが診断されたのは三年前のことです。診断されてすぐ、中枢神経刺激剤を処方されました。でも最初のうちは、飲ませたり飲ませなかったりでした。薬で何がどう変わるんだろう、薬なしでずっとやっていけないもんだろうか、そんな疑問があったからです。そんなわけで、土日とか、放課後には飲ませてませんでした。病院では、土日も一日二回ずつ与えるように言われてたんですけどね。

でもそのうち、ぼくらの目にも差がはっきり見えてきましてね。薬を飲ませてる方が、生活全般がすんなり回っていく。気分の浮き沈みもぐっとおだやかになって、人当たりもいい。やらなきゃいけない用事にもちゃんと気持ちを向けられる。やりかけたことを完成まで持ちこむのも、前ほど苦しくなさそうだし。スピードを落としてゆっくり考えられるせいか、今まではわけもわからずついて行くだけだったのが、ちゃんとまわりを見て、納得して動いてるし。

これだけいい結果が出ているってわかってからも、ぼくはまだ、きちんと続けて飲ませる気になれなかった。今思えば、あのころのぼくは、優しい親じゃなかったかも。つまり、息子の生きやすさよりも、自分の不安、自分の欲求を優先させてたわけですから。だって、薬はよく効いてたのに。別に、副作用があったわけでもないし、先生方にも、とにかくきちんと飲ませなさいと言われていたんですから。

ふだんの私はこうじゃないんですが、ジェイコブを病院に連れて行くってことにかけては、がらにもなく腰が重かった。認めたくなかったんですね。自分の息子が薬を飲むようになるなんて、考えたくなかった。

落ちつきなく動き回る子どもたちについては、いろいろ本を読みましたよ。たいていの本には、多動児だってわかったら薬を飲まされるみたいに書いてありました。だから、医者に連れて行く前に、ほかの方法を試してみたかったんです。私は化学物質が嫌いでね。薬物療法ってのは、化学物質の力で体を変えることだから、いやなんですよ。まあ、これは私の至らないところなんでしょうけどね。ジェイコブが必要な援助を受けられるのが遅れたのも、私のせいだと思います。

今ではジェイコブにも薬を飲ませてます。でも、少しでも早くやめさせるべきですよ。あの子たちは外の世の中に出て行くんだから、早く慣れさせないと。やれ腹が立った、やれ落ちこんだって言っては、いちいち錠剤を口に放り込むようなことじゃ困りますからね。少しでも早くやめさせないと、このまま大きくなったら、人生で難しいことがあるたびに薬さえ飲めばいいさって思うようになるかもしれません。息子が薬なしじゃ生きぬいていけないようなやつになるなんて、とにかくいやなんです。

リタリンが心配なのはもう一つ、完璧な薬なんてありませんからね。副作用だってありますし。どうも、リタリンを飲ませてると、食欲が落ちるみたいなんですよ。薬なしのときは、実に豪快に食べるのに。実を言うと、うちじゃ、医者に言われた時間どおりに与えてないものですから、食事と薬のスケジュールを決めることもなかなかできなくて。薬の前に食べさせたり、飲んだあとで食べさせたり、効き目が切れてきてから食べさせたり、ばらばらなんです。

もう一つ引っかかってるのは、ジェイコブの場合、薬がなくたって、意識を集中できないってだけで、行動にまで問題が出るわけじゃないからです。授業中に机の上に立ち上がったりする子とはわけが違うんだ。たとえ午後の分を飲ませ忘れたって、見たところ違いなんてわかりませんからね。まあ、私の場合、主観が入ってるのかもしれませんが。

一方、彼らとは対照的に、息子に薬を飲ませることで大いに救われたと語る人たちもいる。やっと親子らしいつき合いを築いていけそうです、こんなふうに息子と向き合うのがずっと夢だったんですと彼らは語る。

薬物療法が成功すると、本人だけでなく、父親の接しかたも変わる。これまで以上に息子を応援できるようになるし、息子のために時間を割こうという意欲も増す。たとえば次の例のように、息子の態度や行動が変われば、父親も大きく変わるのである。

ケヴィンが診断されるまでは、本当に大変でした。問題は起こす、指示は通らない、簡単な決まりも守れない……。診断がついたときは、どれほど救われたことか。今でも忘れられません。第一、ケヴィンは悪い子じゃなかったんだ、わざと逆らってるわけじゃなかったってわかったんですからね。そして二番目に、これには薬があるってわかったから。長年使われてて、実績のわかってる薬だし、ケヴィンも少しは自分をコントロールできるようになるんだ、問題行動も減るんだって思うと、救われる思いでした。

実際、飲ませてみたら、まるで人が変わったみたいでした。ちゃんと注意は払える。ほかの人のことも大事にする。親に甘えてくる。実に好奇心旺盛で、おもしろい子だったんです。それまでは家の中の空気がいつもぴりぴりと張りつめてたのに、まるで空が晴れたみたいにくつろげるようになりました。

ぼくの接しかたも変わりましたね。仕事が終わって帰るとき、早くケヴィンの顔を見たいって思うようになったし、家でも、もっとこいつと遊んでたいって思うようになった。

薬を飲ませたからって、問題がなくなるわけじゃありません。やっぱり荒れることはありますよ。でも、前みたいに引きずらずに、さっさとおさまるようになった。以前とは比べ物になりません。

ただし、薬とて万能ではない。ＡＤＨＤのために引き起こされる問題は実に幅広い。薬で機能レベルが上がる部分もあるが、すべてが解決するわけではない。

薬を飲ませるようになったからといって、自動的に人間関係が改善するわけではないし、急に勉強ができるようになるはずもない。中枢神経刺激剤は、本人のがんばる力を増やしてくれるだけ。飲んだ子を完璧な人間に変身させる魔法の薬ではない。

ジミーの薬物療法が始まるとき、私は変な幻想を持ってたんですね。何か不思議な作用で、こいつのかかえてる問題はすべて解決されるんだみたいな。

確かに薬は効きました。でもその効き目ってのは、いわば、ジミーの握力を強めてくれるようなものでした。しがみつき、這いあがるのに必要な手の力が強くなるだけ。山頂まで乗せていってくれるわけじゃなかったんです。精神的に安定したとは言っても、普通に「安定」って聞いて連想するようなのとは違います。薬は効いてても、気性の激しいところは変わりませんし、うっかり古いクセが出ることだってあります。

困るのは、学校の先生方が変な期待をしてしまうことですね。薬を出されたって聞くと、それだけで「良かったわ、これでジミー君も天使のように手のかからない子になるのね、先生もやっとほかのみんなの相手ができるわ」とか何とか、そんなふうに思われてしまう。

でもありがたいことに、薬を飲んだからって、ジミーの性格は変わらないし、エネルギッシュなところもそのままです。スピードを落とせるようになった分、ゆっくり物を考えられるようにはなったけど、相変わらず素っ頓狂なことを思いつくアイディアマンだし、冒険好きなところも変わってません。学校の先生方はたぶん、ＡＤＨＤってものを本当にはわかってないんでしょう。ジミーは今でも苦労してるし、まだまだ気をつけてやらないといけないのに、わかっていないんです。ＡＤＨＤは、薬ひとつぶで消えてなくなるようなものじゃないのに。


うちの子は年の割に体が大きくて、それでなくても同級生に怖がられやすいんです。なのに態度も乱暴だから、ほかの子が怖がってるって先生方から苦情が来てしまいました。休憩時間だけじゃなく、授業中の態度も悪くて、いつも、教室のすみっこの席に行かされるか、校長先生の部屋に行かされるか、どっちかでした。

その息子が診断されたとき、病院の先生に言われました。リタリンっていう薬を飲むとスピードを落とせるようになって、状況をしっかり見られるようになる、納得して行動できるし、学校でもうまくいくでしょうってね。

はじめのうち私は、男の子なんてみんなこんなもんじゃないのかと思ってました。何を心配することがあるのかわからなかった。私自身、荒っぽく体を動かすのが大好きなタイプですし、息子とはよく全身でじゃれ合ってました。だから、私が悪いお手本になってたんじゃないか、息子は私のまねをしてるだけじゃないかと思ってたんです。

でも違いました。息子の動きかたは、クラスのみんなと全然違うんです。それに、息子を見てると、今にもばらばらに崩れそうでした。あの子はぎりぎりのところで持ちこたえてたんです。

薬を飲ませるようになってから、学校からの評価もずっと良くなりました。もっとも、遊び時間には、相変わらず乱暴なところが抜けないようですが。この点は、行動療法も併用して、少しでも抑えようとしてるところです。

正直な感想を言うと、薬を飲むようになってからの息子は、流されるままじゃなく、主体的になったようです。見ればわかりますよ、物腰も変わった、言うことも変わった、態度も変わりましたからね。

第6章で紹介したようなしつけテクニックは確かに役に立つ。行動を改善する上でも、自分をコントロールすることを覚えさせる上でも、必要不可欠といえるだろう。しかし、これだけを単独で使っても、十分な効果があがらない子が多い。

ＡＤＨＤのある子どもたちのほとんどは、薬物療法と他のテクニックを併用すると非常にすばらしい効果が得られることがわかっている。薬が効いている間はスピードを落とすことができるから、行動療法にも反応できる。個人カウンセリングにも、グループカウンセリングにも、じっくり集中できる。

薬が効けば、スポーツ、学校、家族との関係、同級生との関係など、大切な場面で成功できる確率が引き上げられるのである。


息子が診断されたあと、薬についての説明を受けました。薬を飲ませれば、持ってる力をスムーズに発揮できるようになるし、注意を払えるようになるだろう、全般的に能力も上がるだろうという説明でした。

でも、すぐに薬物療法を受けさせる気にはなれなかった。友だちと仲良くしたり、授業についていったりするために化学物質に頼るなんて、反対だったんです。だから、まずは行動療法をやってみましたよ。ごほうびを決めて、点数表を作って、家だけじゃなく、学校でも採点してもらいました。そのほか、少しでも気が散らないよう、教室では一番前の席に座らせてもらいました。少しでも体を動かせるように、先生に使い走りを言いつけてもらったり、黒板消しを叩く役目をやらせてもらったりもしました。こうして手を尽くしたおかげで、デイヴィッドは一歩前進することができたんです。

ところが、ようやく決心がついてリタリンを飲ませてみたら、デイヴィッドはさらに二歩くらいは前進したんですよ。薬物療法を始めることにしたのは、これまでの進歩じゃ不十分だったからです。

気難しかったデイヴィッドですが、中枢神経刺激剤を飲むようになって、めっきりほがらかになりました。自信もついたんでしょうね、以前なら、ルールのあるスポーツは尻込みしてたのに、積極的に仲間に入るようになったんですよ。

薬物療法で息子の態度や姿勢が変わったのを見て、やはり決断して良かったと実感する父親は多い。

次に登場するお父さんは、息子のようすを見ていると、薬で落ちついている間に覚えた適応テクニックが吸収されて、薬が切れても残っているのがわかると語ってくれた。

バートが診断されたとき、お医者さんに言われたんです。お薬を飲ませれば、友だちづき合いも、勉強も、もっとうまくいくようになるでしょう、そうするうちに本人ももっと自信がつくでしょうってね。でもぼくは、子どもに薬を飲ませるなんて、決心がつきませんでした。そこで、家内が息子を別の病院に連れて行ってセカンドオピニオンを聞き、その間、ぼくが図書館に行って、リタリンなど中枢神経刺激剤について調べることになったんです。いろいろと文献をひもといてみたら、中にはどっちともつかないあいまいな論文もあったものの、だいたいは、リタリンはよく効く、全般的に機能レベルが上がるという内容でした。

結局、リタリンを飲ませることにして、それから二年。見ていると、はっきり効果は出ています。薬が効いてる間に成功体験を積めるから、「ぼくには力があるんだ」「自分のことは自分で決められるんだ」って実感できたのでしょうね。

それだけじゃない。こうして身につけたことは、薬が切れてるときにも持ち越されるんです。物ごとに取りくむ姿勢、心の持ちよう、協調性。薬を飲んでなくても明らかに前とは違います。成長とともに、薬が効いてる時間に学んだやりかたが身について、薬が切れても使えるようになっているのがわかります。

これはたくさんの父親が指摘していたことだが、適応テクニックをあみ出すのも、忘れず使えるようになるのも、薬の力と、本人の自然な成長との相乗効果によるものらしい。

一方、中には、薬物療法の効果は認めながらも、友だちづき合いや勉強などのために薬に頼ったりしていいものかと心配する父親もいる。

うちの子は薬を飲まなきゃこの世界でやっていけないんだ——そう思うとひどくつらいですよ。そりゃ、薬を飲めば毎日の生活がスムーズに送れるし、息子には薬が必要なんだってことはわかってます。わかっちゃいるけどいやなんです。外から薬を与えないと暮らしていけないっていうのがね。

『レナードの朝』って映画があったでしょう。あれに似てる気がする。あの映画の主人公は神経系に重い障害があって、薬が効いてる間だけまともに動けるんです。ところが、その薬はとうとう効かなくなってしまって、主人公はもとどおり、全く動けなくなってしまうんです。

不安なんですよ。この薬のせいで、ぼくは幻を見てるんじゃないだろうか。今目の前にいるのは、本当の息子じゃないのかも。今に薬が効かなくなって、もとの木阿弥になるんじゃないか。それが本当の息子の姿で、ぼくらはまた一から本当の息子の姿に慣れないといけないんじゃないかって。

そのくせ、薬がどれほど役に立つかわかっているだけに、やめさせたいとは思えないんです。矛盾してるでしょう。自分でもわけがわからないんですよ。


ジェフの薬のことで一番ひっかかるのは、あいつが暴れなくなるのも、言うことをきくのも、作り物だってことです。あんなのはジェフ本来の姿じゃない。だから、効き目がさめてきたら、こっちもそのつもりで頭を切りかえなきゃいけない。もとのしっちゃかめっちゃかな悪ガキの相手をしなきゃならないんですから。

薬が効いてないときの息子は、かんしゃくを起こせば核爆発なみ。騒がしいし、やることなすこと、五歳は幼くなってしまう。しゃべってることだって、どうしてそんな発想になるのかさっぱりわからない。ほとんど赤ちゃん返りしてるようなもんです。

どうしてぼくらばっかり、こんなにジェットコースターみたいにふり回されなきゃいけないんだろう。心の片隅には、そんな恨めしい気持ちもあります。こんなのあんまりじゃないですか。

こうしてふり回されることを思うと、最初から薬なんか飲ませない方がマシだって気がしてしまいます。ずっとありのままの息子と顔をつき合わせて、こいつの扱いに慣れた方がマシだ、思いどおりの息子にしようとか、薬でつかの間だけうまくやらせようとか、そんなこと考えない方がいいんじゃないかっていう気持ちもある。

そりゃ、確かに薬は役に立ってます。ジェフも人当たりが良くなるし、ちゃんとがんばろうっていう意欲も見える。でも、どうしても気になるんです。みんなと仲良くできるのも、学校で授業がわかるのも、全部、一日に三回飲む錠剤のおかげでしかないんだって知ったら、あいつはどんな気がすると思います？　自分の本当の力がわからなくなってしまうはずですよ。外から力を借りずに自分をコントロールする力はどれくらいなのか、迷ってしまうでしょう。


中枢神経刺激剤が効いているときの息子と、切れているときの息子。そのギャップを目の当たりにして、困惑してしまう父親もいる。うちの子は「しっかりした、よくできる生徒」なんだろうか？　それとも「持ち物はなくし、備品は壊すトラブルメーカー」なんだろうか？

ＡＤＨＤは神経生物学的な障害で、脳の中の化学物質の異常によって引き起こされる。持って生まれた障害なのだから、その症状のなすがままにさせておくべきか？　それとも、症状はやわらげてやって、人生の荒波に立ち向かうチャンスを与えてやるべきか？　どちらがわれわれ親の務めだろう？　確かに〈集中できない〉というのは、「普通」の人でもときには経験することだから、「こんなものは個性の延長じゃないのか？」と思いたくなるのも無理はない。だが、ADHDを放っておくと、後にさまざまなリスクが高くなることはわかっている。非行。抑うつ。薬物濫用。何をやっても思うような成果をあげられないという漠然たる不全感。薬物療法が効けば、こういった二次的な問題はかなり減らせる。

とはいえ、周囲の受けとめかたによっては、逆効果になることもある。子どもが薬を処方されると、すぐにおとなしく言うことをきくようになるのかと思い、法外なプレッシャーをかけてしまう人も少なくない。

こんなのおかしいじゃないか。薬を飲ませたのに、あいつときたら相変わらずふくれっつらだし、怒ってばかり。あいつの態度が悪いのも、品行が悪いのも、ADHDなんかじゃない。あいつはただの問題児なんだ。

薬がうまく効けば、物ごとを注意して見聞きできるようになる。衝動にも流されにくくなる。だが、これまで失敗を重ね、叱られつづけ、とげとげしいやりとりをくり返してきた事実が消えるわけではない。長年のつらい経験から生まれた感情が、いきなりまっさらに戻るはずもない。秩序のある環境、わかりやすいしつけテクニックなど、ほかの手段をやめてもいいのかと考えるのも間違っている。むしろ逆。薬に助けられて、ほかの手段がよく効くようになるのだから。

この子たちは、薬が効いている間だけは学習能力が上がる。だからその時間を利用して、これまでできなかった行動を、一から身につけていかなくてはならない。

薬を飲むようになっても、この子たちに特別なニーズがあることに変わりはない。これまでどおり周囲の理解も必要だし、環境を調節してもらわなくてはやっていけない。それなのに、両親にも学校の先生にも、薬さえ飲ませればすべてが解決するのかと誤解している人があまりにも多すぎる。

中でも、薬がよく効かなかった子どもたちの場合、このような誤解をされると、なおさらつらい立場に立たされてしまう。

うちの子は薬の効き目がもう一つぱっとしませんでした。担任の先生に「今年は薬を飲ませるんですか?」ってきかれたもんだから、言いましたよ。「言わせていただきますがね、薬なら前に試したことがあるんですよ。でも大して効かなかった。少しは助かる面もありましたが、副作用がありましてね。だからトータルじゃ良くなかった。ここ二年、飲んだりやめたりのくり返しです。ほかに方法はないか、別の薬が合わないだろうかって、ずっと探ってるんです。これさえ飲めばすべて解決とか、そんな単純なもんじゃないんですよ。私たちもがんばってはいますが、授業態度の件では、先生の方でもできることはあるはずですし、私たちに協力できることもあるはずです」ってね。

学校の先生方の中には、薬は万能だと思いこんでる人もいるんですね。問題のある子は、みんな薬で解決がつくはずだと思ってるらしい。

私がこうして先生方とお話しするのも、一種の啓蒙なんですよね。この子たちは、たとえ薬を飲むようになっても、やっぱりほかの子どもたちよりも手厚い援助が必要だし、こまめにようすをチェックしなくちゃいけないんです。そのことを正しく知ってもらわなくてはいけませんから。


最初は「とりあえず試してみるだけ」というつもりで薬物療法に踏み切ったという父親も多い。中には、はじめは医師の指示どおりに飲ませていなかった人もいる。スケジュールに従って毎回欠かさず飲ませるのではなく、場面によって飲ませたり飲ませなかったりしているというのだ。また、少しでも早く薬をやめさせたいと語る父親も多かった。

どれも心情的には理解できるものの、必ずしも子どものためになるとは限らない。


うちでは基本的に、土日には飲ませないことにしてます。飲ませるのは学校のある日だけ。いろいろようすを聞いてみたら、学校では効果があがってるみたいですよ。授業に集中してるそうですから。

でも、晩には飲ませてないので、宿題には集中できないようです。実際、晩には集中力のなさが本当に大問題でしてね。本人は気が散りまくってるんですが、家内がつきっきりでせっついて宿題をやらせてます。

成績はいいですよ。BやAをもらってくるようになりました。立派なもんじゃないですか。すばらしい進歩ですよ。本人もやる気はあるんです。いや、必要以上に成績のことを気にしてましてね。先生方もみんな、お宅のお子さんは成績のことばかり考えてるようですがって言ってくるくらいです。

薬を飲ませるようになって、息子の態度が良くなったかどうか、私にはよくわかりません。息子が起きて学校のしたくをしてるときや、学校から帰ってきたばかりのときには、私は家にいませんから。私が帰ってくるころには、薬の効き目は切れてます。うちでは土日には飲ませないことにしてるんで、正直言って、効いてるんだか効いてないんだか、私は見たことがないんです。

土日に飲ませないことにしたのは、あの子も大きくなってきて、小さいころみたいにまわりに迷惑をかけなくなったからです。土日に見てると、確かに本人はピリピリしてますが、前みたいに問題は起こさなくなりましたから。確かに、土日にも飲ませれば、あの子もいらいらしなくてすむのかもしれませんね。でもそんなこと、あまり考えたことはありませんでした。小さいころは土日もずっと通して飲ませてましたが、そもそも、薬を飲ませることにしたのは、あいつがひっきりなしにめんどうばかり起こしてたからなんです。

とはいえ、お父さんたちの名誉のためにつけ加えておくと、薬物療法をめぐる決断に際しては、自分の迷いは二の次にして、息子のニーズを優先させた父親がほとんどだった。

私個人の感想を言わせてもらうと、薬を飲ませて息子の行動や態度が変わったかってきかれても、全然違いがわかりません。学校からの報告じゃ、授業に集中できるようになったそうですし、妻に言わせると、朝夕の態度が温厚になったとか、協力的になったとかいう話ですが。まあ、私は薬の効いてる時間に息子に会うことが少ないですからね。効き目を判断するのに私の意見を聞いても、あまり役に立たないでしょう。

実は、私自身は、薬を飲んでないときの息子の態度を見ても、別に悪いと思わないんですよ。確かに息子はかなり攻撃的ですし、気性も荒い。でも、今の世の中、それくらいでなくちゃ。特に、商売の世界は厳しいんですから。息子が大声を出そうが意地を張ろうが、私は別に気になりません。私自身は若いころ、自分の意見なんて言わせてもらえませんでしたから、せめて息子だけでものびのびさせてやりたいんです。

協調性が大切だってのはわかっているんですけどね。確かに息子はかなりガンコです。意地になると絶対に譲りませんから。

でも、そんなことより、私が心配してるのは、大事なことに意識を集中できないこと。それに、何か始めても、最後まで続けられないことです。何をやるにもうわの空。いろんなことに次々と手を出して、全部かじりかけで放り出す。こんなことをやっていたんじゃ、「たるんだやつ」とか「怠け者」とか思われてしまうじゃないですか。あいつがそんな烙印を押されることになるなんて、防げるものなら防いでやりたい。だから、薬を飲ませることで「怠け者」の烙印を押されずにすむのなら、それだけの値打ちがあると思うんです。

第8章　「難しい年ごろ」を乗り切るには

子どもたちにとっても、その家族にとっても、思春期といえば混乱も多く、先の読めない時期と感じられるのが一般的なようだ。

これまでの研究の結果から、ＡＤＨＤの子どもたちのうち一五パーセントから五〇パーセントは、成長とともに自然に症状が消えるか、あまり困らない程度にまでおさまることがわかっている。しかし、かなりの子どもたちは青年期まで問題を持ち越すことになる。

思春期といえば、誰でもさまざまな変化が重なり、ストレスが多いのがむしろ当然ともいえる。だが、ＡＤＨＤのある子どもたちにとっては、このストレスが普通の子以上に負担になりやすいのだ。当てにならない注意力を動員し、整理整頓能力を身につけ、とかく思いつきに流されがちな行動パターンを改める――どれもＡＤＨＤをかかえた若者たちにとっては、大変な難業だろう。意欲を失ってしまう子がいても不思議はない。

子どもを持つ親なら誰しも、わが子の将来を心配するものだ。成熟した大人になってほしい。独り立ちして、充実した毎日を送ってほしい。でも、この子は本当にだいじょうぶだろうか……。そんな思いは、子どもがＡＤＨＤでなくても変わらない。

ところが、ＡＤＨＤの子どもたちとなると、通常よりも精神面の成長が遅い。カッとなりやすいし、次は何をするやら予測がつかない。同じ年ごろの子よりも思いつきに流されやすく、せっかちで、なかなか先を考えた行動ができない。これでは親だって不安にもなる。いったいどうするつもりだと問いつめたくなることも多いだろう。

もうすぐ思春期を迎える息子を前にして、不安になってしまう父親は多い。この子は幼いころからずっと、誰かに見張ってもらわなければ自分を律することのできない子だった。このままで大人になってしまったらどうなるんだろう？　ＡＤＨＤの男の子の場合、八歳、九歳ではまだまだひどく手がかかる。その印象が濃いだけに、まるで今のままの状態が一生続くかのような気がしてしまうのだろう。


あいつにはすごい潜在能力がある。それはわかってる。問題は、せっかくの能力が発揮されないことなんだ。本当なら相当なことができてもおかしくないのに。けど、せっかく何か始めたと思っても、数分もしたらもうふらふらと別のことをやってる。一つのことを続けさせようと思ったら、つきっきりで見てなきゃならない。ぼくがずっと見張ってるなり一緒にやるなりして、ずっとチェックしてやれば、最後まででき上がるんだけどね。そうじゃなかったら、思ったとおりの結果が出るかどうか、わかったもんじゃない。

こいつが大人になったら、いや、ティーンエイジャーになったら、どうなるんだろうって、心配になることもある。だらしなくて、手のつけられない暴れん坊になって、片田舎をふらふらするしかないんじゃないかって。もちろん、本当はあいつだってそこまでひどくはない。頭ではだいじょうぶだってわかってはいるんだけどね。でも、ちっとも腰の座らないあいつを見てると、やっぱり心配で。

若者特有の問題

若者たちが若者らしい目標に向かって邁進していると、とかく両親や学校と衝突することになりやすい。とはいっても、目標そのものに問題があるわけではない。同じ年ごろの仲間集団に受け入れられたい、親離れしたい、もっと独立したい……。どれも、この時期の成長課題としては正常なものばかり。でも悲しいかな、経験浅い若者たちのこと、賢く立ち回る方法を知らないものだから、大人の期待と両立させることができないのだ。

ところが、普通以上に衝動性の強い若者たちとなると、この両立はさらに難しくなる。なかなか賢い決断ができないし、一度始めたことを貫くことも難しい。ルールに従えない者、楽しみを先に延ばすことが苦手な者、より大きな利益のために、目先の小さな利益をあきらめることが苦手な者も多い。不都合な行動をがまんするにも、かんしゃくを抑えるにも、ほかの若者以上に努力しなくてはならない。こういった困難をかかえてくらしていくうちに、すっかり混乱してしまうこともある。対人関係につまずく者もいるし、ついには、自分に自信を失ってしまう者もいる。

私と息子は、あまり仲がいいとはいえません。息子がうまくいかないのは、ほとんどが注意力の欠如のせいだと思います。まあ、絶対とは言えませんがね。私の友人たちを見てると、子どもは別にADHDってわけでもないのに、やっぱり十代になるとうまくいかないみたいですから。

いったい何がやりたいのか、さっぱりわからないんですよ。最初は四年制の大学に入ったんですがね、さっぱりついて行けませんでした。その後、近所の短大に通って一年。今度は州立の学校に移る気みたいです。最初の大学では、コンパに明け暮れてました。ひたすら、衝動のおもむくままに暮らしてたんですね。

子どものころから勉強はさっぱりで、友だちづき合いがすべてって感じでした。十代になってからは、いつもむっつりふさぎ込んじゃ、くよくよ心配ばかりしてる子になってしまって。心配ごとっていっても、いつ私らの雷が落ちるかって、ほとんどそればかりです。

最初の大学で失敗してからは、勉強を続けるも続けないも本人に任せて、口は出さないことにしました。その代わり金も出さない。立派な成績を取って、ちゃんと勉強してるって証拠を見せればまた出してやるって言ってありますがね。

何か月か前のことですが、あいつの態度にいい加減うんざりして、ケネディ大統領のことばを引き合いに出して叱ったことがありました。「国が何をしてくれるかばかり考えてないで、国のために何ができるか考えろ」ってね。あいつときたら、いまだにもらうことばかりあてにしてるからです。そしたら、肩をすくめて、行ってしまいました。私のことなど、ただの金づるとしか思ってないんじゃないか——そんなふうに感じることもあります。

息子は私に寄りつこうともしませんし、関わりを持とうともしません。まるで、深い谷の両側にいるみたいですよ。橋の一つもありはしない。それも、多くはあいつのADHDのせいなんでしょう。小さいころからずっと、あいつとはなかなかわかり合えなかった。あいつは衝動を抑えられないし、怒りっぽいし、どうも、仲よくなりたいと思えなくてね。

トラブルの火種を消すには

このような悲しい事態を避けたければ、息子と衝突したときの解決法を知っておく必要がある。二人の間に橋をかけ、衝突せずに話し合うためには、まずは、自分自身のクセをふり返ってみるのが役に立つ。感情が昂ぶってきたとき、自分はどんな接しかたをしがちだろうか？　子どものADHDは、親子双方の心の核心に鋭く切り込んでくる。だから、しまったと思ったときには、ひどいことを口走った後だった——そんな事態になりやすいのだ。

青年期に入った子どもと賢くつき合うには、青年期特有の認知パターンを知っておくといい。第一に、親が過ちを犯したなら、あるいは、子どもを傷つけることばを吐いたなら、子どもたちはまず忘れてはくれないと知っておこう。そのくせ、励ましてやったとき、助けてやったときのことは、実に簡単に忘れてしまう。ということは、こちらはひたすら守りを固めるしかない。息子を応援し、聞き上手に徹して、昔も今もパパは味方じゃないかと証明するしかない。

青年期の認知の特徴はもう一つある。彼らにとっては「一事は万事」。この時期には、たった一度の経験さえも、全運命の暗示のように感じられるのだ。その証拠に、彼らはすぐこう言うではないか。「父さんはちっとも聞いてくれない！」「パパはいつも文句ばっかり！」「いっつも意地悪ばっかり！」「ぼくは何をやっても絶対にまともにできないんだ！」そんなときの収拾法は、まずは相手の心情に寄り添ってやること。そして、こちらの感情はとりあえず抑えること。何も今すぐ反応する必要はない。待っていれば、チャンスはあとで必ず訪れる。機会を改めて対応した方が、理性的に話ができる。

それではここで、息子と衝突しそうな場面をあらかじめ予期して、トラブルをたくみに避けているお父さんたちの声をいくつか紹介しよう。

マイケルは今、十代です。節目の年ですよね。

あいつはとにかく成功したがってる。友だちとも家族とも仲良くやりたい、スポーツもうまくなって勝ちたい、いい成績もとりたい。でもかわいそうに、やる気はあっても結果が伴わないんです。「これをやらなきゃ」っていうのはわかってるんですが、実行に移すとなるとうまくいかない。

私もその辺は承知してますから、やりかけた用事を終わらせるとか、そういう点についてはあまり追いつめないようにはしてるんですがね。何かやらせるときは、期日にしてもやりかたにしても、一方的に言いつけるんじゃなく、本人と相談するようにしてます。本人の返事を聞いて、私がもう一度念を押してやる。で、本人の決めた締め切りに間に合わなかったら、私はそれ以上待ちません。息子もそれはよくわかっています。あいつもだいたいはちゃんとできてますよ、最初にこっちが一方的に言いつけずに、ちゃんと本人の意向をきけばね。ただ言いつけたんじゃ、あまりうまくいかないんです。あいつと衝突にならないよう、私もずいぶん努力してます。衝突したってろくなことがありませんからね。いざこざは、起きてしまってからおさめようとするより、未然に避けるのが一番なんですよ。

スティーヴとぼくの間では、腹が立ったときやいらいらしてきたときのためのやりかたがあるんです。対立がひどくなってきたなって気がついたら、どっちかが——たいていはぼくですけど——宣言する。「ちょっと待った。このままじゃ収拾がつかなくなる。一人ずつ順番にしゃべろう。まずスティーヴからだ。父さんは口を出さないから、言うことがあったら言ってしまいなさい。済んだら交替だ。どうすればいいかは、その後で相談しよう」ってね。わが家の場合は、これでうまくいってます。すぐにボルテージが下がって、お互いの話も耳に入るようになるし、話し合いもできるようになる。

あいつももう十代です。親の意見、親の考えを一方的に押しつけて通用する歳じゃありません。説得するなら理屈で言い聞かせること、それに、感情が爆発しないように気をつけるのがいいみたいです。

若いやつと言い合いになったらこうしましょう、こうしたらおさまります――そんな特効薬なんか、あるはずない。でも逆に、これだけはやっちゃいけないっていう原則はありますね。大声を出しちゃいけない。脅迫しちゃいけない。暴力は使っちゃいけない。皮肉は言わない。子どもの行動や発言を笑い物にしちゃいけない。どれも、円満解決の大敵です。

ぼくがブラッドと衝突したときですか？　毎回違いますね。お互いのコンディションにもよるし、そのときの話題にもよって変わるから、「こうしてます」とは言いにくいなあ。でも、何か意見が割れたときは、ぼくはなるべく平静を保つようにはしてます。こっちが興奮しなければ、お互い大声になったり、悪口の言い合いになったりしにくいですから。ぼくが大声を出したり、冷たくはねつけたりしたら、たちまちアウトですね。どっちが勝つも負けるもない、二人とも負けるしかない状況になだれ込んでしまいます。

ケンと私の場合、たとえ衝突しても、話が本題からはずれなければ何とか収拾できるんです。そもそもどこで意見が食い違ったのか、どうしてそれが問題なのか、そこから離れないようにするとうまくいく。

ところが、いつの間にか話がそれて、昔の恨みを持ち出したり、あのときあんなことしたじゃないかとか言いだすと、もういけません。二人一緒に自滅してしまう。争いの最中にすんだことを持ち出したんじゃ、話がどんどんそれてしまうだけです。「私は人を許す度量のない人間です」って自分から白状してるようなもんだ。

問題を解決しようと思ったら、〈今〉から目を離さないことですね。三週間前に息子に車を貸したら、約束の時間より二時間遅れて帰ってきた。でもそれは三週間前のことです。今は今。だから、いつも〈今〉の話から離れず、すんだことは流す。これを心がけることで信頼関係が育つんです。私たちはまあまあ親しい方ですが、それもこのおかげでしょうね。もしも私が、ケンのこれまでやった悪いことを片っぱしから蒸し返してたら、私だって老後が楽しくなくなるし、ケンだって難しい年ごろを無事に生き延びられないでしょう。

「そんな単純な」と思われるかもしれませんが、ジムの言いたいことをちゃんと言わせてやれば、たいていはけんかにならずにすむもんです。つまり、抑えつけない、偉そうにしない、子ども扱いしない。「私が法律だ」みたいな態度をとらないってことですね。

大事なのはちゃんと会話になる会話をすること。互いの考えてること、感じてることをちゃんと交換するっていうことです。私かジムかどっちかが、途中で「もういい」って一方的に話し合いを打ち切ってしまったら、かえって雰囲気がぴりぴりしてしまいますよ。お互い、しこりも残りますしね。

私の父がよく言ってました。「何ごとも、両方の話を聞かなきゃわからない」ってね。だから私は私の立場を説明する。ジムがしゃべってるときは、耳を傾ける。それがすんでから、二人で解決策を検討する。ときには、簡単にはいかないこともあります。そんなときは時間もかかる。よほどの信頼関係がなければこんなことできません。でも、問題が難しかったとき、苦労したときほど、解決したときには喜びも大きいものです。

おれとピーターがトラブルになったら、解決のコツは「とにかく短く、シンプルに」だね。ごちゃごちゃとややこしい話をしたり、古い話を蒸し返したり、不安にかられて「もしも、もしも」ってやりだしたりしたら、船は港を出ないうちに沈没すると決まってる。だから、そんなときは、立ったままじゃなくて、座ってやるように心がけてるよ。おれの場合、立ってると勢いがついてしまうし、声も大きくなりやすいからね。声の調子にも気を配るようにしてるし、質問するときは特に、言いかたに気をつけてる。

自分で「あ、だんだん腹が立ってきたな」「何だか本題を見失いそうだな」って思ったら、嫁さんに頼んで、助けてもらう。

簡単なことばかりだけど、どれも役に立ってると思うよ。

問題を解決するには

ＡＤＨＤのある子どもたちは、現実に適応するテクニックにしても、問題を解決するスキルにしても、自分のものとして身につくまでにかなり時間がかかる。

思春期といえば、体も頭も大きく変化するのを受け、激しい欲求に駆りたてられて衝動的な行動に走りがちな時期だ。それなのに、一人で決断を下す機会も増え、失敗すれば自分で痛い目にあうことが増えるのもやはり同じこの時期。この二つのバランスをとるなんて、可能なのだろうか？

マイケルの性格を一言で表すなら、あいつは「礼儀正しい」子です。ここまで来るのは本当に大変だったろうなと思います。何度も何度も、大変な場面を力で押し切って切り抜けてきたんですから。

はっきりと言いきれることじゃありませんが、運命のいたずらっていうんでしょうか、あいつはＡＤＨＤのおかげでかえって立派な人間に育ったと思うんですよ。私は何年もマイケルを見てきましたが、あいつは「どうしても成功したい」っていう意志を内に秘めた子なんです。特別に頭がいいわけでもないし、大した才能があるわけでもない。でも、絶対やりとげるぞっていう決意だけは大したものです。あんな真剣な子、ほかに見たことがありません。

あの子は、自分の向き不向きをよくわかってる子です。だから、自分なりの判断で、これと決めたことは追求する。まわりから「そんなの無理だろう」とか言われても動かされない。もちろん、あの子なりに人の意見は聞いていますが、でも、人にこう言われたからっていう理由でぐらついたりはしないんです。

息子がこんなふうになったのは、小さいころの私との関係の影響が大きいんじゃないかって気がします。当時の私は、なるべく息子の話をきき、意見を大事にするように心がけてました。自分のやることは、できる限り、本人に決断させるようにしてましたし。そりゃリスクも大きいですよ、何てったって相手は衝動に流されやすい子ですからね。でも、そうやって何年も練習を積むうちに、あの子も少しずつ、行動する前によく考えること、理性を働かせるってことを覚えていったんです。これが、何でもかんでも私が決めて指示してたなら、マイケルは反抗してたかもしれません。それか、言いなりにならないぞって見せつけたいがために、何でも私の言う逆をやろうとするとかね。あの子はとても我が強いんですよ。だから小さいうちから、「ああ、この子は、親の言うことをきかせようとするより、話し合いでやる方が向いてるな」ってわかったんです。

こういう方針を貫くのは、楽なことじゃありません。今にも愚かな決断を下そうとしてるのを、見てなきゃならないこともあります。助け船を出したい、ここで代わって私が仕切ってしまいたい。そんな誘惑にかられますよ。でも、そこでぐっとがまんすると、あとで大きな利子がついて返ってくるんです。

右の例を見れば、二つのバランスをとることが可能であることはわかる。でも、そのためにはどうすればいいのだろう？

ＡＤＨＤの子どもには、青年期に入ってもまだ、選択肢をわかりやすく整理して提示してやらなくてはならない。それぞれの選択肢を選ぶとどんな賞罰が待っているのかも、誤解の余地がないほどはっきり伝えなくてはならない。とはいえ、成長につれて本人の嗜好や優先順位が変わってくるから、効果的な賞罰の種類も変わってくる。青年期に入った子どもは、この間までは大人だけの特権だった〈お楽しみ〉にあこがれ、盛んに交渉するようになるから、こうした〈大人っぽいお楽しみ〉をごほうびに設定するのがいい。大人として扱われたかったら、大人として責任あるふるまいをしなさい、この行動ができたら、これを許してあげようというのである。

ＡＤＨＤのある若者たちの場合、「もう○○歳になったんだから、これくらいできるはずだ」は通用しない。自然の経験だけに任せていては問題解決のスキルが身につかない子どもたちなのだ。だから、「こういうときはこんな方法がある、こんな方法もある」といちいち説明してやる必要があるし、さまざまなやりかたを練習する場も準備してやらなくてはならない。それも、笑われることも見下されることもない、安全な雰囲気の中で試行錯誤させてやらなくてはならないのだ。

このくらいの年齢になると、一方的に「こうしなさい」と教えるよりも、大人は情報を提供するだけにして、自分で出した結論にしたがって行動させた方が、はるかに反応が良い。問題解決法を身につけるには、既成のシナリオを与えるより、自分で工夫させた方が実りも大きい。何か問題にぶつかっても、自力で解決できるノウハウ――これこそ、息子の将来に備えて与えておくべき道具の中でも、最も重宝なものではないだろうか？

そこで、問題解決のための七つのステップを表の15にまとめてみた。

表15　問題を解決するには

一、問題の正体をはっきり見きわめる。
二、可能な解決策をいくつか考え出す。
三、それぞれの策について、実行したら結果はどうなりそうか考える。
四、一つを選び、試しに実行してみる。
五、結果を採点する。
六、最初の方法では解決できていなかったら、別の方法を考えてみる。
七、結論が出るか、納得のいく結果が得られるまで、別の方法を次々と試す。

やる気をかきたてるごほうびには〈契約〉がおすすめ

これくらいの年になると、自分のことは自分で決めたいという欲求が強くなるので、子どものころにはうまくいっていたしつけテクニックも、通用しにくくなってくることがある。青年期に入ると、ごほうびやお仕置きよりも、〈契約〉の方が本人も乗り気になることが多い。親子で話し合って〈やる気の素〉を設定し、好ましい行動を強化するのに使おうというものだ。たとえば次の例を参考にしてほしい。

マイクは小さいころからずっと、宿題を片づけるのが苦手でした。小学校のときは、担任の先生に頼んで、宿題は全部、決まったファイルにはさんでもらうようにしていました。家では得点表を作って、授業中の課題も、宿題も、全部仕上げるとごほうびがもらえるようにしてやりました。

でも、中学に上がるとこれでは追いつかなくなって、得点表は挫折。通知票は毎回「課題未提出」という理由で減点されていました。

ごほうびシステムを再開してみようと思いたったのは、マイクが運転免許を取ったときのことです。みんなで契約書を作って、全員が署名しましたよ。宿題を全部、期日に遅れずに提出しないと、車は貸さないっていう契約です。二週間に一度、私たちが担当の先生全員に確認します。週末に車が借りられるかどうかは、先生の報告次第というわけです。ダメだった場合は、また二週間がんばる。新しく出された宿題と、前のやり残しの宿題、全部提出できたら、二週間後の週末に車が借りられる。

このアイディアは全員で考えたものですし、条件は一つ残らずはっきり書いてありますから、マイクのやる気を引きだすには大いに役に立っています。

揺るぎない父子関係を築くために

私は恵まれてる方なんじゃないかって思います。友人たちの話を聞いてたら、十代になった子どもとの関係は実にお粗末だって人もいますから。お粗末っていうより、あんなの関係とはいえませんよ。お金やモノのために親をあてにするだけで、親とのつき合いなんて考えてもみないって子が多いじゃありませんか。

去年のことですが、ジョーのやつ、私に実にすてきなことばを贈ってくれたんですよ。いや、そりゃ確かに何てことのない、単純なことばなんですけどね。父の日のことです。カードをくれましてね。こう書いてありました。

「この先どこへ行こうと、どんな道を進もうと、どんな目的地を目指そうと、ぼくはだいじょうぶです。父さんがお手本を見せてくれたから、人生は怖くないって思えるようになりました。これから先、何か困難なことがあっても、ぼくは真正面からぶつかっていけるでしょう」

大きくなった息子と父親の関係は、それまでの長年の蓄積の上に成りたつものだ。息子が青年期に入ってからも良い関係を続けたいと思ったら、まずは父親から率先して息子に合わせるくらいのつもりがなくてはならない。前にも述べたとおり、これは何も、息子が困った行動をしていても、がまんしてやらせておけという意味ではない。そうではなく、故意に悪いことをしている場合と、衝動に流されてつい困ったことをしている場合とを混同するなと言っているのだ。子どものＡＤＨＤを計算に入れた対応を心がけていれば、互いに尊重し合い、理解し合う関係が育ってくる望みはある。

ぼくと息子は、ずっとお互いを尊敬し合ってきました。二人そろって気性の激しい方なんで、最初のころは、ぼくがかなり譲らなくちゃなりませんでした。

小さいころのポールは、あまり頭で考えて決断する方じゃなかった。基本的に、衝動に流されやすいタイプだし、感情的になりやすい。だから、ぼくがなるべく理性の声を代弁してやらなくちゃいけないんだ、ぼくまで一緒になって興奮してるわけにいかないんだって思ってがんばってきたんです。

誤解しないでくださいね、これをやろうと思ったら、本当に楽じゃなかった。今でも楽じゃないです。ぼくだってアイルランド系ですからね、カッとなりやすいのは血筋なんです。そこにもってきてあいつのあの態度。だから、一触即発なんてこともありますよ。ポールはむら気なやつで、気分の浮き沈みが激しいものですから、なかなか相手にするのは大変なんです。

でも、大きくなればそれだけ成長するし、長年いろんなサポートを続けてきましたから、息子もだんだん、自分の気分の管理がうまくなってきました。

今、ポールは一九歳。立派にやってますよ。自慢話をしろって言われたら、いくらでも続けられそうです。それも、小学校のころなんか、先生方に「どうせろくな子にならない」って思われてた子なのに。今思えば、当時のあいつは、先生に期待されてないのがわかってたんじゃないかな。だからやる気も出なくて、そのとおりに合わせてしまってたんだと思います。

でも、嫁さんもぼくも、息子がちゃんとした待遇を受けられるように、がんがん交渉してきました。嫁さんは骨惜しみせず、こつこつがんばってくれたし、ぼくは息子の話をよく聞かなきゃ、意見を入れなきゃって思ってやってきた。その甲斐あって、あいつも立派な大人になってくれそうです。

この時期になって大きな実りを生むのは、子どもが幼いうちに、二人の関係に投じた時間の量と質だ。それも、量以上に、質の方が大きく影響する。このことは、たとえば、次の例からもよくわかるだろう。

パットとぼくは、いい関係だと言っていいと思います。あいつは今、十代。いろいろとおもしろい経験をしてるまっ最中です。いろいろと親子でも話し合いますよ。「今、おまえがその決断をしたら、将来にはこういうふうに響くんだぞ」とかね。でも、どうするかは本人次第。本人がどう生きたいかにかかわってくることですから。

パットが小さいころは、ぼくもそりゃひどく心配したもんです。この子ったらこんなことしたのよ、あんなことしたのよって、家内の報告を聞くたび、こいつは将来どうなるんだろうって気をもんでた。厳しい競争社会に出て、それも、技術の進んだ世の中に出て、だいじょうぶなんだろうかってね。

でもあいつなら何とかやっていくでしょう。自分の能力と関心に応じてね。まわりがこれをやれとか、こうなってほしいとか思ってもしょうがないんだ。これに気がついて、ぼくもずいぶん変わりました。

何か大事なことを決めるとき、パットはぼくを頼りにしてるようです。それも、モニター役として、リアリティー・チェックのためにね。代わりに答えを出してもらうことはあてにしてないはずです。長年かけて教えてきたことなんですよ、「自分のことは、自分で決めるしかないんだよ」って。それが、ようやく身についたようです。

ぼくの父がよく言ってたもんです。「川に出て櫂を握ったら、どちらに向かって漕ぐかは自分で決めるしかない。川を遡るか、下るか、二つに一つ。自分の力はどう使いたいか、そして、どこへ行きたいかで決めることだ」ってね。パットはもう、櫂を手に入れました。次は行き先を選ばなきゃいけないんです。

ぼくらは、あいつが小さいうちから、できるだけのことをしてきました。むっつりと不機嫌な子だし、トラブルも起こすけど、実に心の大きいやつだったものですから。ハートの大きさだけはエベレスト並みでした。だから家内もぼくも、この立派なハートだけはだめにすまいって、一番に気を配ってきたんです。もし行動を矯正することばかりに終始してたら、今みたいに安定した子には育たなかったんじゃないかって思います。

小さいころのあいつは、乱暴で手に負えない子でしたが、実にやさしいところがありました。それに、本当はいい子になりたがってるのが、見ていればはっきりわかった。それを見たら、「こいつはきっとだいじょうぶ」って思わずにはいられなかったんです。その子が今は一八になりました。見ていて飽きない若者です。いろいろ才能もある。特にすぐれてるのはスポーツですね。

ぼくと同じ年ごろのやつらを見てると、やっぱり子どもが十代になってて、いろいろ苦労してるみたいです。ぼくらはパットが小さいころ、こいつにはずいぶん手をかけました。こいつとの関係を築くのにも、かなりがんばった。あのころの努力が今になって報われたという気がします。あいつは手間ひまのかかる子でした。とりわけ、ぼくがずいぶん時間を割かなきゃならなかった。今のところ、パットはかなり順調です。これが、ぼくが気を配ってやった成果なのかどうか、自分では何ともいえません。でも家内はお世辞抜きで言ってくれます。あなたがあの子とたっぷり時間をすごしたこと、それに、そのすごしかたがよかったのよってね。

基礎を固めよう

家を建てるときには、資材や柱を一つ一つ、順番に組み立てていくように、父親と息子の関係も、一回一回のやりとりの積み重ねで作られていく。はじめの段階で組み上げられた部分が基礎となり、その後の関係の土台となる。何かの事情があって父親が息子の近くにいないと、父子の間には心と心の結びつきがなかなか形成されない。そうなると、双方が「向こうは自分の値打ちをわかってくれない」「自分を理解してくれない」という思いにさいなまれることになるのが普通だ。

クレイグはそこらにちょっといないくらい甘やかされた子どもですよ。自分がやりたいと思ったら何でも許されて当然と思いこんでる。それも、困ったことになったって、自分はかぶらなくてもいいと思ってるんだ。

私とクレイグの関係は、ひたすらがまんし合う関係ですね。あの子は私のことをがまんしてるし、私もあいつの存在をがまんしてる。

一番下にはＡＤＨＤじゃない息子もいるんですが、そいつは全然違う。一緒にいるととにかく楽しい。私もその子とはうまくいってます。なのにクレイグときたら、まるで丸っきりよその家で育ったみたいな態度です。

そりゃ確かに私は仕事仕事でろくに家にいませんでしたよ。今でもそうだ。土日もほとんど休まず残業して働いてる。クレイグのために時間をさいてやることはできなかった。だから少しでも埋め合わせしようと思って、どんどんモノを買い与えてきたんです。でもそれが逆効果だったんだろうな。あいつは何に対してもまず感謝するってことがない。母親のことも私のことも、何とも思ってない。ひたすら好き勝手にふるまうばかりです。

このお父さんの場合、息子と何らかの結びつきを持とうという考えはすっかりあきらめてしまったようだ。今のようなつまらないつき合い方ではむなしくて、意義も感じられないのだろう。

二人の関係を作る柱や材木はすき間だらけでしっかり組まれていないので、父も子も、相手に身を預けることができないのだ。

場合によっては、父親や家族が最善を尽くしても、息子の側がどうしても応えてくれないケースもある。ほかのみんなは交渉のテーブルに着き、案を出しているのに、乗ることのできない子。せっかくの環境も活用できず、頼めば手伝ってもらえるのに頼む力のない子。そんな若者たちも、ときにはいるものだ。そんな子の場合、どうしても苦労が長引くことになりやすい。そのため、健全な自尊心が十分に育たないこともあるし、実力を発揮できないために、本当ならできるはずのこともなしとげられず、何ごとにも満たされない思いをかかえて生きることにもなりかねない。


デイヴィッドのことでは、複雑な気持ちですね。あいつも本当はもっとすごい実力があるはずなんですが、悲しいことに、せっかくの実力もあまり発揮されることがありません。そのせいでしょう、本人の自己評価もそれなりでね。自分の可能性には気づかないまま、現状だけを規準に「ぼくはどうせこの程度だ」って考えてるようです。大した力もなければ、可能性もない。そう思ってるらしい。

あいつの兄も、妹も、人望もあれば自信もあるのに、デイヴィッドだけが「むら気なかんしゃく持ち」っていう評判で、いまだに芽が出ない。

ぼくらはあの子が小さいころから、セラピーも受けさせてきたし、学校教育についても気を配ってきたつもりです。でも本人にはその大事さが通じなかったようです。こっちが何をしてやっても、デイヴィッドには不満だったようです。どこかで食い違ってしまったんですね。

あの子とつき合ってて何よりもつらいのは、あの子には〈今〉っていう時間の中にしっかり腰をすえる力がないことです。いつでも〈まだやってないこと〉か〈もっとやりたかったのに、過ぎ去ってしまったこと〉のことで頭がいっぱいなんですね。〈今〉っていう時間は、意識にさえひっかからずにこぼれ落ちてしまうんです。見ていて、もどかしいことといったら……。

ADHDの診断がついたのは遅い方で、デイヴィッドはもう一二歳になっていました。そのころにはもう、どうせダメなんだっていう感覚とか、後ろ向きな態度とかがしみついてしまっていたんでしょうね。

診断を聞いても、本人は受けつけませんでした。薬はいやだと言う。治療にも抵抗する。消耗することの連続でしたね。

これまでの苦労が報われるとき

次に紹介するのは、一七歳になる男の子の父親の証言だ。ADHDのわが子に合った対応を工夫しよう、この子を理解しようとたゆまぬ努力を続ければ、いつかは報われる日が来るかもしれないことがわかるだろう。

ADHDのある子に合わせた対応をする——それは必ずしも楽なことではない。いや、かなりの努力がいると言っていい。それなのに、成果はすぐには目に見えないときている。でも、父親が常に学ぶ姿勢を失わないならば、いつかは息子との間にすばらしい関係が築かれ、これまでの苦労が報われることも夢ではないのだ。

私とキースの関係は、一七歳にしては、かなりいい方だといえるんじゃないでしょうか。あの子もしっかりやってます。大したもんだと思いますよ、ADHDをかかえて、学校でも家でもままならない思いの連続なのに、ここまでがんばっているんですから。

キースも一三くらいまでは大変でした。感情に翻弄されてしまってね。まあ、ここじゃ、「堤防を決壊させまいと思って必死なんだけど、なかなか思うにまかせなかった」と言うだけにしておきましょう。

息子の場合、薬がうまく効いたおかげで、学校でも、家でも、かなりの成功体験を積むことができました。息子本人は、本当は薬に頼るなんていやがってるんですよ。治療の一日目から今に至るまでずっとね。でも、薬が効いている間は自由にスピードを落とせるから、細かいけど大事な情報に目を配ることができるんです。今では、薬を使うのは勉強するときだけになりました。それ以外のときは、自力でやっていけるようになりました。自分をコントロールする方法が身についたし、まわりとうまく合わせるテクニックも覚えたからです。

今のキースは本当に安定してるようです。あの子がいったいどうやってここまで持ってこられたのか、私にはよくわからないんですが。キースは今、一七歳。自分の行動も抑えてるし、かんしゃくも抑えてる。いや、かんしゃくだけじゃなく、気分の浮き沈み自体、自分でコントロールしてるんでしょう。呼吸法もやってるし、腹が立ったら十数えるってのもやってる。その場を離れて頭を冷やすっていうのもやってます、カーッとなって事態をエスカレートさせないようにね。

ちゃんとみんなと同じように、年相応のこともやってるようですよ。女の子とデートもしてるし、アルバイトもクビにならずに続けてる。スポーツもやってる。

親子でもいろいろ一緒に楽しんでますよ。最近、私のやってることに興味を持つようになってきましてね。だから私もなるべく、あいつの好きなことはかじってみるように心がけてます。向こうがいやがらない程度にね。

キースも十代ですから、友だちとすごすことが多くなって、家族と一緒にいる時間は減ってます。私だってあの子くらいのころはそうでしたから、これが当然なんだって気がします。

先日、実にすてきなことを言ってくれましてね。「父さん、いつもほどほどに手の届くところにいてくれて、ぼくのことを信用してくれてありがとう」なんてね。本心で言ってくれたんだと信じてますよ。

第9章　元問題児たちからのメッセージ

たとえまわりじゅうがみんなおかしくなってしまっても
しかも、おかしいのはお前だといっせいに責められても
ただ一人、正気を保つことができるなら、
たとえみんなに疑いの目で見られても
なお自らを信じる心を失わずにいられるなら
しかも、疑いたい者にはかまわず疑うままにさせておけるなら、
待つことができ、しかも、待つことに倦まないなら……、
夢を見ることができ、しかも、わが身まで夢に乗っ取られてしまわずにいられるなら、
思考することができ、しかも、思考の果実を目的とはき違えずにいられるなら、
輝かしい勝利もおさめ　無惨な敗北も喫し
この二人のぺてん師たちを　まったく同じに遇するなら……、
この大地も、地上のすべてもお前のもの、
そればかりか——いや、そんなことなどより、何よりも——お前は一人前の男になれるのだ、
息子よ！

——ラドヤード・キプリング

成人した問題児たちのメッセージ

ＡＤＨＤであることは、今のぼくの人となりのあらゆる面に関係してると思いますよ。自分の行動を意識して点検したり、こうしたくなった動機は何だったんだろうってふり返ったり……。そういうことを、小さいうちからやらなくちゃなりませんでしたから。小さい子どもって、あんまり自分の生活を意識してチェックしたりしないもんでしょう？　ただ学校へ行って、スポーツをして、誰かと仲よくなって遊んで。そうやって、何となく一日一日を暮らしていくのが普通だと思うんです。

ぼくは恵まれてましたね。うちの両親は、この子はどこかおかしいって早いうちに気づいてくれましたから。ぼくの場合、集団生活の場に入れると、たちまち問題が出てきたんです。指示が通らないし、その場にふさわしい行動ができなくて。検査に連れていかれたのは早い方でした。五つか六つごろじゃないかな。ＡＤＨＤと、そのほかにも何か少し、情報処理がうまくいかないところがあるっていう結果でした。

で、ぼくは薬を飲むようになって、家族みんなでカウンセリングを受けるようになりました。あのときみんなで習ってきたテクニックは、今でも残ってるくらいですよ。ぼくはもう二一になったのにね。たとえば、うちじゃ、家族で会議をやるんです。みんなで集まっていろんなことを話し合う。いいことも悪いことも、口に出したくないいやらしいこともね。それから、父とぼくの二人で、月に一回だけ、丸一日、何かふだんと違うことをするってのもまだ続いてます。父とぼくは、コミュニケーションもしっかりしてると思いますよ。こんなにきちんと話のできてる家族って、よそじゃ見たことがありません。

あのとき受けたカウンセリングが役に立ったのは、ぼくのことばかりに注目しすぎなかったからでしょうね。「この子一人が困った子」みたいな感じじゃなかったのが良かったんです。あの場では、家族の全員が主役でした。何かトラブルが起きた、困った結果になった、そんなときも、全員の行動を一つずつふり返っては、それぞれの行動がどんなふうにその結果につながっていったかを点検してたんですよ。

この章では、ＡＤＨＤをかかえながら成長した大人たちの証言を通して、親の接しかたが子どもの将来にどのような影響を残すかを探っていくことにしよう。

今回、協力してくれた人々の中には、成人後は立派に成功している人も少なくない。みんな、大人になった「元・子ども」として、ふだんは口にしない個人的な思いをたっぷり語ってくれた。彼らの生の声を聞けば、ＡＤＨＤをかかえる子どもたち・若者たちの経験が、当人の目にはどう映っていたのかがおわかりいただけるだろう。

これから紹介する証言の数々からもわかるように、子ども時代・若者時代に成功を経験できたか、失敗つづきに終わったかは、親の応援によって大きく左右されることが多い。

ＡＤＨＤをかかえる人間として生きぬくには、かなりの忍耐力が必要になる。内面のずぶとさがなくては、とてもやっていくことはできない。そんなたくましさを身につけるには、子どものうちに、親でもいい、誰かほかの人でもいいから、自分にとって大切な大人の人に励まされ、支えられ、しかもそのことをしっかりと感じておく必要があるのだ。ＡＤＨＤのせいで失敗ばかりしている子も、誰か大切な大人の人に応援してもらう経験を通して、「こんな自分だけど、本当はいい子なんだ」という見かたを身につけられる。

大人になった「元・子ども」たちに子ども時代の経験を語ってもらうと、「暴走するバスに乗って、坂道を下っていくような感じだった」という比喩を選ぶ人が多い。運転手さんが急病になり、運転できなくなってしまった。乗客の中には車の免許を持っている人がおおぜいいるから、誰かが運転席に座れば、事故は避けられるかもしれない。でも、誰が、いつ、名乗りを上げてくれるのかはわからない――ＡＤＨＤをかかえて育つのは、そんな状況に似ている。

そんな中、薬が臨時の運転手役を果たしてくれましたと語る人は多い。ＡＤＨＤの若者たちも、年齢が進み、成熟するにつれ、バスが暴走しそうになっても自分で制御する方法がわかってくる。でも、まだ子どものうちはそうはいかない。「あれっ、このバスは暴走してる！　でもぼくは、運転を知らない！」子どもにとっては、恐怖と緊張の連続だろう。

でも、日々そんな思いをしている子どもたちも、周囲にしっかり支えられていれば、少しずつバランス感覚を身につけ、コントロールを学んでいくことができる。こうして青年期を経て、成人期に入るころには、自分なりに安心できるレベルに至ることもできるのだ。八歳のときに多動児と診断されたある男性（三一歳）は、自らの経験を次のように語ってくれた。

ぼくはスポーツのおかげで救われてたようなもんだね。自分でも、ぼくだってスポーツなら得意なんだって思えたし、人にほめてもらえることも多かったから。

でも、それ以外のことってなるとあまり自信が持てなかったし、人の役に立ってるって気もしなかった。うちには弟がいるんだけど、そいつが楽しくて、しかもやさしいやつでね。それにひきかえぼくときたら、不機嫌で、いつもぴりぴりしてる。文句の多い子で、なかなか機嫌が直らないし、口答えばかりするし。弟は両親にたっぷりかわいがられてるのに、ぼくが言われるのは「いいか、自分で自分を抑えなきゃダメだろう」とか「弟のじゃまばかりするんじゃありません」とか、「ちゃんと集中しなさい」とか「もっとがんばりなさい」とか「やめなさい」とか、そんなのばっかり。両親だってなるべく公平にしようと気を配ってくれてたとは思うんだけど、それでもやっぱり、つらかった。

大人になってから、おやじと子どものころのことをいっぱい話したよ。あのときのことをおやじの側から見たらどうだったのかとか、ぼくらの関係はどんな感じだったのかとか。きいてみたら、おやじは言ってくれたよ、お前は恐ろしく心の広い子どもだったって。そして、どこのどんな子よりも必死で努力してたって。

おかしなもんだよな。だってこっちにはそんな記憶ないんだもの。ぼくの記憶に残ってるのは、「自分が悪かったんだ」とか「自分は悪い子なんだ」とか、そんなのばかり。ぼくと両親の関係っていえば、いざこざばかりだったような気がしてるんだけど。

おふくろの方はっていうと、生身の人間とは思えないくらい辛抱づよい人でね。でも、それがわかってるってことは、ぼくがひどい無理をして困らせた証拠だな。おふくろに言わせると、小さいころのぼくは「手のかかる子」だったって。こっちはぼくも納得がいった。おやじの話はぼくの記憶とずいぶんちがってたけど、おふくろの話は実感としっくり合う気がする。とは言っても、おやじが体裁をつくろってるって意味じゃないよ。たぶん、おやじ自身の願望が入ってるんじゃないかな。

おやじに関してどうしても言っときたいのは——それに、ぼくがこれまでうまくやってこられたのは、これがあったおかげだと思ってるんだけどね——おやじはいつも、呼べば届くとこにいてくれたってこと。いろんな意味でね。体も、頭も、心も。ぼくの入ってるチームにも、コーチの助手として関わってくれた。何か行事があるときは来てくれた。夏休みには、ぼくを少しでもいいサマーキャンプに行かせるためなら、自分のことをがまんしてまでがんばってくれた。

それに、おやじは神様を本気で信じてた。人の人生は、神様に祈れば必ず良くなるんだと固く信じてた。変に信仰にこり固まってたわけじゃないよ。ただ、とても信心深い人だったんだ。今でも覚えてる。夜、寝る時間になると、おやじは灯の消えたぼくの部屋に来たもんだよ。ほとんど毎晩、欠かさずね。で、ぼくの両手をしっかり握って、ゆっくりとその日一日のことをふり返るんだ。あんなこと、こんなことをふり返っては神様に祈る。心に染み入ってきたもんだよ。今でもぼくは、夜、寝るときになると、このときのことを思い出すんだ。ほとんど毎晩だよ。

　おやじがぼくにくれたのは、時間。たぶん、無理をしてたときもあると思う。本当は余裕がなくても、ぼくのために時間をさいてくれてたはずだ。そのおやじももういない。でもおやじはぼくに、自分の魂を残していってくれた。あのやさしさを残していってくれた。激しさを、それに、慈悲深さを残していってくれたんだ。

　こんなことがあったよ。確か一三くらいのとき、近所でちょっとしためんどうを起こしちゃったんだ。その晩、仕事から帰ってきたおやじは、ちょっと散歩に行かないかって。二人で歩いて、近くの川べりへ行ったよ。久しぶりだった。そんなこと、もう何年もなかったんだ。その晩おやじは、自分の昔のことを話してくれた。おやじが一三のころは、誰も助けてくれなかったし、誰にも相談できなかったって。で、ぼくのことではただ、こう言っただけだった。「何か言いたいことがあるとき、何か考えて選ばなきゃならないことがあるときは、父さんがいるからな」って。それだけ言うと、腰をかがめて、おでこにキスしてくれた。あとは、小枝か何か口にくわえて、木にもたれたまま川の流れるのをじっと見ているだけだった。ぼくのしでかした事件のことには、一言も触れなかった。

　ぼくたち二人にとって、特別な瞬間だったね。ぼくは腰をかがめて、おやじの手にキスすると、「ありがとう」って言ったよ。おやじはにっこりして、ぼくの頭に手を置いてくれたんだ。

どうだろう。この世を去った後、わが子に「おやじはやさしい人だった」「たっぷり愛してくれた」といってふり返ってもらえたとしたら、われわれの人生、上々だったといえるのではなかろうか。

わが子にやさしさを注ぎ、愛を注げば、その子は将来、思いやりのある大人、大切な人のために熱心に尽くす大人になってくれるだろう。これは、どんなタイプの子、どんな性格の子であろうと関係ない。親がしっかり愛情を伝えてやれば、子どもたちはそれぞれの持って生まれた力を発揮し、それぞれ自分に向いたやりかたで周囲の世界に貢献し、恩返しをするようになる。子どもも自身が「自分はいい人間なんだ」と思うようになれば、その明るさが周囲にも伝わる。これから先、その子に出会う人々が一人残らず、その子の明るさの恩恵にあずかれることになるのだ。

子どもたちに「自分には値打ちなんかないんだ」と思わせてしまったら、今度は彼らがその思いを世界じゅうにまき散らすことになる。自分の値打ちを信じていない人間には、他人を信じることなどできないし、他人の信頼を得ることだってできない。人との信頼関係なしには成功することもかなわないから、さらに失敗経験を重ねることになる。そして、「ほら、やっぱり自分はダメだったじゃないか」という思いをつのらせていくのだ。

今は二人の男の子の父親となっているある男性は、若者時代の経験を次のように語ってくれた。

おれは子どものときからずっと、休みなしにめんどうばかり起こしててね。荒っぽいやつらとばかりつき合ってて。

みんな、親が留守ばかりで目の行き届かない家の子か、親がいくじなしで子どもに意見できない家の子、さもなきゃ、子どもがどうなろうとどうでもいいって感じの家の子ばかりだった。まあ、ある意味でギャングみたいなつながりだったな。仲間は家族。血のつながりじゃなくて、自分の意志で選んだ家族。お互い、体を張って仲間を守り、縄張りを守る。そんな誓いを立てた間柄だった。

おれはこういう荒っぽい連中に何か親近感があってね。好き勝手やってたよ。やりたいときにやりたいことをやってた。正直言って、学校のことはあまり記憶に残ってないんだ。勉強した覚えもないし、がんばった記憶もない。授業中は、ふざけたり暴れたりするだけ。迷惑かけてたんだろうな。人からはよく、「君は本当は賢いのに」って言われてたけど、自分じゃそんな実感なかった。まさか自分は頭がいいだなんて、思ったこともなかった。だって全然、そんな感じがしなかったんだから。

中学のときだったかなあ、検査を受けさせられて、複数のLD（学習障害）が重なってる上にADHDもあるってことがわかった。おかげで、学校帰りに読字障害の子のための指導室に通わされたり、あちこち行かされるようになってさ。それが気に入らなくてね。いやだってのを隠そうともしなかったよ。両親にも先生にも、とにかくめんどうをかけまくった。あと、多動があるってんで、薬も勧められたけど、もちろん飲まなかった。

高校一年のある日、確か冬ごろだったと思うけど、その日は一日学校をサボって遊んでて、彼女を連れて家に帰ってきてみたら、どういうわけかおやじが家にいてね。昼なのにおやじが家にいるなんてめったにないことだった。おやじは何か書類みたいなものを持ってて、「ちょっと父さんの寝室に来なさい」って言う。ついてったら、おやじはドアを閉めておれを椅子に座らせると、持ってた書類をよこして、読みなさいって言うんだ。いったい何なんだよってきくと、言われたよ。「何年も何年も、お前のおかげで家じゅうが迷惑してきた。でももうたくさんだ」ってね。おやじは大声になってね。「今すぐ読め！」ってどなられた。

見たら、ヴァージニア州にある全寮制の私立高校の案内だった。それも、軍隊みたいな学校さ。規則ずくめで、厳しくしごかれるって書いてある。入ってたのは案内書だけじゃなかった。編入の申し込みに合格しましたって通知まで入ってたんだ。まさか、嘘だろって思ったよ。「こんな所へ行けって？　嘘ばっかり。おれは行かないからな、こんなとこ」そう言ったら、おやじの返事はこうだった。

「二つに一つだ。自分で選ぶんだな。一つは、毎日学校に行く。何かしら珍しい病気で死にかけてるんでもないかぎり、一日も休まない。それから、いいか、卒業まで一度も、C以下の成績を取ることは許さん。それから、学校で運動部に入ること。種類は何でもいい、おれは知らん。今の〈仲間〉だとかいうやつらとは縁を切る。門限は平日が九時、土日は一〇時。母さんかおれが特別に許可したときだけは延ばしてやってもいい。もう一つの道は、今お前が持ってるそいつだ。ああ、もちろん第三の道もないわけじゃないがな。偉そうに格好つけて出て行って、どこかの橋の下に寝て、よそさまの残飯をあさるもよし。たまに豆の缶詰にありつけたら大ご馳走だな。はっきり言って、決めるのはお前だ。でもな、これだけは許さん。この家に住みながら、これ以上こんな生活をして家族を苦しめることだけは許さんからな。もうお遊びは終わりだ。今すぐ選べ。明日まで待てとか晩まで待てとか言っても聞かん。今すぐ決めるんだ」

おれは「くそでもくらえ」っておやじに書類を投げつけて出ていったよ。それから二日たって家に帰ってきてみたら、玄関の鍵が全部変わっているじゃないか。窓も破られないようにびっしりガードしてあった。みんな、おれを置いて一週間のスキー旅行に行ってしまったんだ。

おれはしばらく、友だち数人と一緒に寝泊まりしてた。やっとおやじに会えたのは二週間後。例の全寮制学校について詳しいことを知りたければ、家じゃなくて会社に来いって言われたよ。それがいやなら、もう家族とは認めないってね。児童相談所からの通知も見せられた。おれのことは「正当な理由なく無断欠席、無断外泊をくり返す怠学少年」と書かれてて、居所が見つかったら、教護院に送致するって書いてあった。まるで、人生がいきなりひっくり返ったみたいな気分だった。

一か月後、おれはおやじの会社に電話して、会って話がしたいから、家に入れてほしいって言った。そしたらおやじは、会社になら来てもいいって言う。でも、おやじの会社まではは五〇キロもあるんだ。そんなところまで、どうやって行けばいいんだって言ったら、「五時までなら会社にいるから」ってさ。しかたがない、ヒッチハイクするしかなかった。

三時間もかかったよ。やっとのことでたどりついたら、おやじはもう家に帰った後だった。おれは会社の入り口の階段に座りこんで、ひたすら泣きつづけたよ。こんなに泣くなんて、生まれて初めてかってくらい泣いた。

翌朝、おやじが出勤してくるのを待って、「あの学校に行きます」と言ったら、おやじは汽車の切符をくれた。それから、また時間を指定されて、晩のこの時間ちょうどにならに来てもいい、寄宿舎へ持って行く荷物を取りに来なさいって言われた。

その晩、言われたとおりの時間に家に行って、荷物をまとめて出ようとしたら、おやじが言うんだ。「もしお前さえ良かったら、今晩一晩だけは泊めてやる。泊まっていくんなら、明日の朝、父さんが駅まで乗せていってやるから」って。見たら、おやじの目には涙がたまってるじゃないか。おれも泣きだしてしまった。おやじはそんなおれを抱きしめて、「だいじょうぶ。何もかもうまくいくから」って言ってくれたよ。そう、おやじの言うとおりだった。その学校に入れてもらえたことは、おれの人生で最高にすてきなできごとだったんだ。

その学校に行って初めて、おれは、おれっていう人間について教わることができた。そこで学んだのは、自己決定。そして、人に運命を与えてもらうんじゃなく、自分で自分の運命をデザインすること。それを覚えるためには、おれには、あの学校みたいな環境が必要だったんだよ。

とはいっても、何も、ＡＤＨＤの子どもは全員、軍隊式にしごかれる学校に行くべきだって言ってるわけじゃない。それは全然違う。でも、おれの場合は、何を言われても聞く気がなかったからね。おれの起こすトラブルは悪質になる一方で、どんどん深みにはまっていってた。それに、どんどん投げやりになって、ほかの人がどうなろうと気にかけなくなってたんだから。それが今じゃ、大学も出た。大学院も出て、ＭＢＡも取った。コンピュータ業界でばりばりやってる。ああ、おやじとは今じゃべったりだよ。おやじもすっかりいいお祖父ちゃんになっちゃってさ。孫には甘いの何のって。もしかしたら、おれに対しても、本当はああだったのかもしれないな。

同じＡＤＨＤといっても、その姿は人それぞれ。雪の結晶が一粒一粒ちがった形をしているように、そっくり同じ人など二人といない。その一方、雪の結晶には、やはり六角形という一定のパターンがあるのも事実だ。ＡＤＨＤのある子どもたちも、互いに違う点はたくさんあるものの、共通の特徴があるし、態度もどことなく似ている。

そんな共通の特徴、共通の態度を持ちながらも、幸せな大人になる子もいれば、不本意な人生を送る子もいる。運命を分けるのは、子どもの置かれた環境、「あくまでがんばるぞ」という本人の決意、それに、周囲が注いでくれた前向きなメッセージの力だ。ＡＤＨＤという要素は同じでも、この三つの力によって、その後のコースが決まる。その子がどのように成長し、青年期をくぐりぬけ、成人するか。それを決めるのがこの三つの力なのである。

小さいうちに「ぼくって、傷モノなんだ」「こんなぼくじゃ、ダメなんだ」と思ってしまった子どもが青年期・成人期前期に入ると、今度は思いこみではすまず、本当にそのとおりの人間になってしまう危険が非常に高い。ひとたびネガティヴな性癖や思いこみができ上がってしまうと、並み大抵の努力では乗り越えられなくなってしまう。こうなると、よほど思い切った手段をとらないかぎり――たとえば、先の例の少年が軍隊式の全寮制高校に転校したように、環境もサポート態勢も総取り替えするくらいでなくては――とても追いつかない。

だからこそ、こじれてしまう前に手を打とう。子どものうちなら、そこまで大がかりな手術は必要ない。親が見通しのきく環境を整え、子どもの味方になって精いっぱい応援してやる、その程度の変更ですむ。これだけで、子どもの自信を育ててやることもできるし、明るい将来につながるのだ。

親が場当たり的な対応をやめ、首尾一貫した態度を保つ。家の決まり、して良いことと悪いことをわかりやすく言い渡す。賞罰はその場になって急に決めるのではなく、あらかじめ予告しておき、「これをすれば、こうなるんだな」とはっきり予測できるようにしてやる。子どものうちからこれを積み重ねていれば、青年期になって、先ほどの例のような大ごとになるのを防ぐことができる。

親の励ましや、わかりやすいしつけ程度では追いつきそうにないが、軍隊式の学校に入れるほどでもない、そんな中くらいの状態の場合は、家族ぐるみでカウンセリングに通うのもいい。家族のコミュニケーションのクセを見直すこともできるし、みんなに共通の目標をはっきりさせることもできる。何より、これまでよりもポジティヴな家庭環境を実現することができる。

ただし、こういった成果をあげるためには、家族の全員に「みんなで一緒にがんばろう」という意識があることが大前提となる。ほかの全員が「この点を改めなくては」と思っても、家族の中に、たとえ一人でも抵抗する人がいたら、ほとんど何も変わらないだろう。

たとえば、次の例がそうだった。

うちじゃ、母も父も、ぼくが諸悪の根源だと考えてるんです。

両親がぼくを通わせることにしたのは、手に負えない若い子を専門に診ているっていう精神科医のところでした。ところが、二、三回通ったところで、そこの先生が、「ご本人だけじゃなく、家族ぐるみで治療を受けることをお薦めします」とか言って、家族セラピストを紹介したらしいんです。その日、学校から帰ってみたら、両親の前に座らされました。「いいか、おかしいのはお前なんだ。まるでこっちまで悪い人間みたいな言いかたをするのはやめなさい。お前が先生に人聞きの悪いことを言ってくれたおかげで、私らまでがカウンセリングに行けって言われたんだぞ。お前をあの先生のところに通わせるために、こっちは大金を払ってるんだからな。元を取らなきゃいけないんだから、どうすればまともになれるのか、自分で考えろ。この家でも、学校でもな。たまには、私らを巻きこまずに、一人で何とかしたらどうなんだ」って叱られましたよ。

結局、家族カウンセリングには行きませんでした。それに、ぼくがいくら自分を改めようとがんばっても、両親も、兄も、妹たちも、相変わらず前と同じ態度で接してくる。せつかく立ち直ろうにも、チャンスを与えてもらえないって感じでした。

今でも忘れられません。あるとき一念発起して、これまで以上にがんばって見せたことがあったんです。そしたら、父に言われました。「はいはい、もうわかったよ。確かにおとなしいのは認める。で、今度はいったい何を買わせようってつもりだ？」

うちでは、ぼくはこんなふうに見られてたんですね。みんなをだまして、一人だけ得をしようとしてると思われてたんです。みんなに考えを改めてもらうには、どうしたらいいんだろう……。いくら考えても、わかりませんでした。セラピストの先生には、「正しい態度をとるのは自分のためだよ。ほかの人に良く思われるためじゃないんだから」って言われました。でも、まわりにいる全員が、こいつはどうせ失敗するもんだと決めつけてて、ぼくが転ぶのを今か今かと待ってるんですから。そんな中で「自分のために」なんて言われたって、なかなか割り切れるもんじゃありません。

ADHDをかかえつつも見事に成功した人々の例を調べると、ほとんどのケースで、親やよその大人など、「君なら絶対にうまくいくはずだよ」「君だって本当は、みんなに喜んでほしいし、人にも好かれたいんだよね」と、本心から信じてくれた大人がいたことがわかっている。口先だけでなく、本当に信じてくれる大人に一人でも恵まれれば、ADHDのある子どもたちだって元気に力を伸ばすことができる。そして、成年に達するころには、障害を長所に転ずることだって夢ではないのだ。

二六歳になった今は、薬剤師として働く男性は、自分の経験を次のように語ってくれた。

うちの両親は、口を酸っぱくして言ってました。お前にはまだ使ってない力があるんだよ、これがやりたいって思ったら、何でもできるはずだよって。私の能力にかけては、二人とも、水をかけるようなことなんて、まずなかった。

それだけじゃありません。私が薬をいやがっていたら、お医者さんに薬を処方してもらうのは、違法な薬を使うのとは全然違うことなんだよって教えてくれたんです。

私にとって、学校での毎日は楽じゃありませんでした。いや、学校だけじゃない。何もかもが大変だったといっていいくらいです。でも私は、ひたすら地道に努力したんです。

子どものやる気を引きだすには

「やる気の引きだしかた」。ＡＤＨＤの子どもたちの親に限らず、誰もが知りたがっているテーマかもしれない。教育界では、もう何十年も前から、生徒を意欲的に勉強させる方法について議論がくり返され、研究が重ねられている。世の中には、仕事の能率を上げたいと望む人々のために、熱意をかき立てる講演を本業にする人々、やる気を高めるテクニックの開発を仕事にする人々さえいるほどだ。

一口に「やる気」というけれども、これは〈人の内側で燃える欲求〉と、〈外から与えられる刺激〉との二つの部分から成っている。
〈外から働く刺激〉には、たとえばコーチ、映画、広告などがある。これらは、〈内側で燃える欲求〉と結びつくことで効果を発揮する。たとえば、「フットボールで勝ちたい」というのは〈内側で燃える欲求〉だ。そこに、コーチがたくみにハッパをかける。それを聞いた選手たちは、俄然やる気になって、「よし、ベストを尽くすぞ！」と盛り上がる。

ここで大切なのは、〈外からの刺激が効果をあげるためには、内で燃えている欲求と結びつかなくては意味がない〉という点である。

子どもたちがギャングの仲間に入ったり、ひどいときには違法行為に手を染めたりしてしまうのは、たいていは「居場所がほしい」「仲間の一員だという実感を味わいたい」という欲求があるせいだといえる。そんな子どもたちをギャングへと引き寄せる刺激は「みんなと一緒にいられること」であって、違法行為ではない。

広告も、外から与えられる刺激の一つ。われわれがテレビのコマーシャルを見て、美容体操の道具を買いたくなってしまうのは、そもそも内側に「自分の外見を変えたいなあ」という欲求があるからではないだろうか？

なぜこんな話をしているのかって？　それは、ADHDのある子どもたちに「がんばって成功するぞ！」という意欲を持たせるには何が必要なのかを探っていくためだ。

子どもたちは、どんな刺激がきっかけで「がんばろう！」と思うのだろう？　たとえば、次の例などが一つのヒントになるかもしれない。この話をしてくれた若い男性は、ADHDをかかえながらも、ひたすら努力して成功をかちとったのだった。

実を言うとおれは、息子がＡＤＨＤって診断されるまで、ＡＤＨＤのことなんてあんまり考えたこともなかった。おれも、苦手な点、弱い点は、今の息子とだいたい同じだった。でもおれの場合、たまたま憎まれないキャラクターだったおかげで、めんどうを起こしても、にらまれずにすんだんだと思う。

とにかく朝から晩まで、休みなしに動き回ってた。エネルギーがあり余ってたんだな。高校のときは、スポーツを三つもかけもちしてて、全部で表彰されてたよ。大学でもラクロス部で活躍して、優秀選手に選ばれた。授業とも両立してたよ。

集中力はさっぱりで、よそ見せずに授業を聞くなんて無理だった。でも、たまたま知能がすごく高かったおかげで、ぎりぎり何とかなったんだ。勉強は苦手だから、つらかったけど、赤点を取るのが怖かったからね。みんなの前で間抜けぶりをさらして、恥をかくのが怖くてたまらなかったんだ。間抜けだって見破られないためなら、何をしてもいいと思ってた。だから、宿題もレポートも欠かさず提出したよ。完成するには、みんなの一〇倍も時間がかかったけど、それでもやるしかないと思ってがんばった。

おれはとにかく勉強ができなくて、そのことは小さいうちからいやというほどわかってた。少しでも気を抜いたら、いつ恥をかくかわかったもんじゃなかったのさ。いつも危険と背中合わせだったから、そのおかげでがんばれたんだと思う。

どうしてそんな発想をするようになったのかは、よくわからない。でも、中学一年のとき、へまをしたことははっきり覚えてる。時間内に課題を仕上げられなくてね。ところがその日は、一人ずつ名前を呼ばれて立たされて、クラス全員の前で点数を読み上げられたんだよ。そのときの情けなかったことといったら……。同級生はおれの方を見てクスクス笑うしさ。二度とこんな目にはあうもんかと誓ったね。

その日、学校から家に電話があってね。話を聞いたおふくろはおやじに言いつけたよ。そしたら、おやじはこう言ってくれたんだ。「おい、学校のことで何か困ったことがあったら、父さんに言えよ。おれだって学校じゃ苦労したから、力になりたいんだよ」って。話はそれだけだった。驚いたの何のって。だって、きっとどなられるか、罰として外出禁止か何かを言い渡されるんだろうって思ってたから。そうだ、おやじはおもしろいことも言ってた。「おい、今日はえらく恥ずかしかっただろうな。父さんだったら教室を飛び出してたよ。よく辛抱したなあ」だってさ。

われわれ親の働きかけかた次第で、わが子のやる気を引き出してやることは可能だ。でもそのためには、まずはわが子をよく見ること。本人の言い分に耳を傾け、子ども自身から学ぶこと。こちらに学ぶ姿勢さえあれば、子どもたちは必ず、自分には何が必要なのかを教えてくれる。子どもといっても人それぞれ。運動神経のすぐれている子もいれば、機械に強い子もいる。机に向かって勉強するのが向いている子もいる。わが子の向き不向きを知りたければ、まずは自由を与

えなくてはならない。そうしないと、せっかくの才能も見えてこない。

次に紹介する男性の証言をご覧いただきたい。


　ぼくがどんな道に進むかについては、うちの両親は、ぼくの好きなようにさせてくれました。父は科学の世界では名の通った人なんですが、ぼくにまで科学をやれとは言わなかった。父自身は科学が好きで好きでしょうがない人だから、科学の話はしてくれるし、家の中にもそういったものがあふれていたけど、ぼくまで好きになるように無理じいされたことはありません。

　ぼくはあまり自然科学に心をひかれるタイプじゃありません。父もそれをよくわかっていて、ぼくには自由に道を選ばせてくれました。今、ぼくはあるバンドでリードギターを担当して、曲も書いてます。バンドはけっこう売れてるんですよ。

　去年の夏、海へ行ったときのことです。そのときはアコースティックギターを持って行ってたんですが、浜辺に座ってたら、父に「ギターを聴かせてくれないか」って頼まれましてね。弾いてたら、父は聴きながら気持ち良さそうに寝入ってしまいました。あれはすてきだったなあ。


本人が「ぼくは負け犬なんだ」と思っていたのでは、その子の人生は本当にきつい登り坂の連続になってしまうだろう。人間は本来、楽しみを追い求め、苦痛は避けよう、和らげようとするしくみになっている。あまりにも苦しいことが多すぎると、苦しみをまぎらすため、快楽を味わうためなら手段を選ばない態度が身についてしまう。

ＡＤＨＤのある子どもたちの場合、非ＡＤＨＤの子に比べて、問題のある仲間集団に加入したり、アルコールや薬物に手を染めたりするリスクが高い。つかの間でも、自分のことを良く思おうとしてのことなのだろう。

周囲からはひっきりなしに冷たいことばを浴びせられる。自分で何かやれば失敗ばかり――そんな経験を重ねるうち、反社会的な行動へと駆りたてられていく子もいる。

次の証言を見れば、ＡＤＨＤをかかえた若者がどれほど大変な道を歩まなくてはならなかったかがわかるだろう。だが幸いなことに、この男性の場合、「手を放して」しまってもおかしくないことが何度もあったにもかかわらず、あくまであきらめず、ロープを掴む手をゆるめなかったのだった。

同じＡＤＨＤの人とか、子どものときＡＤＨＤだったって人たちとは、あんまり話をしたことがないから、ほかの人たちがどんな思いをしてるのかはよくわからない。ぼく自身の経験しか知らないんだ。

ぼくが子どものころは、親どうしの自助グループもなかったし、育児書だって今みたいにたくさん出てなかった。ぼくの扱いに関しちゃ、両親は手探りでがんばってたんだろうな。はっきりとは知らないけど、両親の目には〈能力はあるのに成績に結びつかない子〉

〈いつも不満げな子〉って映ってたと思う。

ぼくはじっとしていられない子で、休みなく何かしらやってた。そして、ぼくのやることはたいてい、困ったことなんだ。けっこうつらい子ども時代だったな。ぼくはどっかおかしいんだ。そう思ってた。学校も大変。ルールを守るのも大変。とにかくほとんど全部大変だった。「あの子も本当は力があるのに。本人が自分の実力に気づきさえすればねえ」ってみんなに言われる、そんな子だったんだ。いろいろ才能はあったんだけど、ちゃんと発揮できたことなんてなかった。

子どものころから痛いほどわかってたのは、自分の衝動性。あのころは、衝動性なんて言いかたはしなかったけど。でもぼくは、何をするにもじっくり考えたことなんてなかった。論理的に結論を出すとか、「ああなるかも」「こうなるかも」っていうふうに、結果をいろいろ検討することもなかった。思いついたら、やる。それだけ。大きなことでも、さいなことでも同じ。今でもちっとも変わってない。車や電子機器を買うときがいい例だよ。目に入る、気に入る、買う。製品チェックのページを見て、商品の評判を確かめるとか、少しでも安く売ってる店を探して、何軒も回ってみるとか、そんなこと思いつきもしない。何というか、むずむずしてくるんだ。何であろうと、思いたったらそのときにやらないと、むずむずするんだよ。

でも、この衝動性ってやつ、必ずしも損なことばかりじゃない。少しは得な点もあるんだ。決断できなくてにっちもさっちも行かなくなるとか、どうしたらいいかわからなくて混乱してしまうとか、そんな心配がないからね。逆に困るのは、本当はもっといい選択肢がいっぱいあるだろうに、出会えないってこと。

小さいころに失敗ばかりしてたせいだろうね、今になってもまだ、「自分なんて大した値打ちのないやつだ」って印象が抜けないんだ。年収が三〇万ドルになろうと関係ない。もっとがんばらなきゃいけなかった、もっとうまくやらなきゃいけなかったって気分が抜けないんだよ。たいていいつも、そんな気分をひきずってるね。ぼくじゃダメだ、力が足りないんだから、ってね。

学校選びとか仕事選びとか、これまでの道のりも、ずっとそんな気分に影響されてた気がする。歯ごたえのある課題、やりがいのあることを選ぼうっていうんじゃなくて、少しでも無理のない道を行こうっていう選びかただった。こうしていれば自分はだいじょうぶっていう範囲が決まってて、そこからなるべく離れないようにしてるんだな。確かにこのせいで、いろいろと可能性は狭められたと思うよ。でもこれってADHDのせいなのかな？　自分じゃわからないや。ただ、関係はあると思うよ。

誰にでもそれぞれの性格ってものがあって、それぞれの苦労がある。『オズの魔法使い』のドロシーが黄色い煉瓦の道を歩くみたいに、何の苦労もなく人生をわたっていけるやつなんて、まずいるもんじゃない。けど、注意力に欠陥のある子どもたちは、そうでない子以上の苦労を背負ってるのは確かだよ。毎日毎日の生活が、まるで綱引きみたいな闘いの連続なんだからね。「自分は動けない、このままどこへも行けないんだ」って気がしたり、ぶざまに尻もちをつく恐怖をふり払えなかったり。

ＡＤＨＤをかかえてると、運命は二つに一つだと思う。逆境をはね返してたくましく生きのびるか、さもなきゃまわりの世界について行けなくなってしまうか。子どものころ、ぼくと同じようにじっとしてられないタイプの子を何人か知ってたけど、みんな、家族の支えのない子ばかりでね。あいつらみんな、「非行少年」とよばれるようになって、めんどうばかり起こすようになって、ドラッグをやったり、深酒したりするようになってしまったけど、家族が応援してくれなかったせいってのが大きいんじゃないかな。

ぼくの両親は、どこも相談するとこなんてないから、ぼくに対する対応は勘が頼りだった。でもぼくは、自分は愛されてるんだ、二人ともぼくの味方なんだって実感してた。おやじは早くに亡くなったけど、元気なころは精いっぱい応援してくれたよ。

「ＡＤＨＤの人たち」っていうと、頭に浮かぶイメージは、リングに上がったプロボクサーの姿だね。闘いの相手は、人生。試合の間じゅう、ＡＤＨＤの人間には、いくつもの選択肢がある。ギブアップすることもできるし、タオルを投げることもできる。両手のグローブで顔を隠して、ひたすら痛みに耐えることもできる。パンチを食らわずにすむよう、ぴょこぴょこ逃げ回る手もある。でもこれじゃ、自分から打ちこむチャンスだって捨ててしまう。それからもちろん、ゴングが鳴るまで闘い続けることもできる。ゴングが鳴ったら、コーナーに味方が待ってる。みんなで「がんばれ、負けるな、ぶっ飛ばしてやれ」って言ってもらえる。コーナーにいる間だけは、闘いも小休止ってわけさ。

ぼく自身は、ゴングが鳴るまで闘ってきたと信じたいよ。確かにタオルを投げたこともあったけど、幸い、そんなことはめったになかった。ADHDなんてものをかかえてると、そうとう手ひどく打ちのめされることになる。誰だっていやだよな、顎に一発食らうなんて。でも、ADHDを持って生まれてきた子どもたちにとっちゃ、選択肢は限られてるんだ。

ADHDの子どもたちは、やられて、負けてしまう確率がけっこう高いと思う。だからこそ、強力な味方チームがコーナーに控えてくれるかどうかで、大きな差がつくんだよ。

気質の役割

父と息子の間柄がどのようなものになるかは、二人の気質によるところが大きい。関係の強さも、質も、気質や気性にかなり左右されるのだ。二人ともカッとなりやすいタイプどうしだと、ちょっとことばを交わせばすぐピリピリした雰囲気になるとか、お互い、投げやりな態度がクセになるといったケースが多い。子どもの側がとげとげした気性で、なかなか機嫌の直らない子だったり、不平不満の多い子だったりするのなら、対する親の方は、その分冷静でおっとりしていなくては釣り合いがとれない。父親が（あるいは母親が）子どもと一緒になって腹を立てていたのでは、子どもは不安になり、ますます扱いにくくなるばかりだ。

ナショナル・フットボール・リーグの審判員、ジム・タニー氏は、怒りの扱いかたについて、こう語っている。「ずっと昔、学んだことなんだがね。怒りをもって怒りを制するなんて不可能だよ。怒りに対処するなら、クールさを使わなきゃ。他人にかき乱されてないときの感じを使うんだよ。ぼくだって、腹の中は煮えくり返ってることもある。でも、それって、自分の心をそいつにかき乱されてるってことだろ？　怒りのままに行動したら、そいつの力でこっちの行動を動かされたってことになる。腹の立つ相手にそんな弱味を見せるなんて、悔しいじゃないか。ぼくの行動なのに、他人に左右されるなんて、たまらないじゃないか」

相手のふるまいを見たときの反応は、とっさに出てしまうもの。これを止めようと思えば、かなりの自制心が必要になる。自制心ばかりでなく、「ここで冷静な態度を保つ方が、望みどおりの結果が得られるはずなんだ」と本気で信じていることも大切だ。うっかり手をゆるめて、その〈一瞬〉の気分に身をまかせてしまったら、まず例外なく、事態をエスカレートさせてしまうことになる。

次の例を見れば、親の平静さには、絶大な威力があることがわかっていただけるだろう。

> 父はとてもゆったりしたタイプの人でした。私がそこらじゅう走り回ろうが、何でも触ろうが、本気で腹を立てたことなんてありません。どちらかというと、大声を出すのは母の方でしたね。母は私と同じで、カッとなりやすい方なんです。そんな母がぴりぴりしてきたなと思うと、父がふらっと現れて、「ちょっとおいで」って私を連れ出して、何かしら用事を一緒に手伝わせてくれたもんです。父がゆったりかまえてるものだから、私まで

つられて落ちついてくるし、そうなってから思い出すと、さっきまでの状況も正しく見えてくる。

みんなで、家族セラピストのとこに通ってたこともあります。そのときのセラピストにも、母と私は気質が似通ってるって言われました。頭にくると、二人とも真っ赤になって怒るんですよね。母も私も、「怒りの扱いかたはほかにもあるんですよ」って言われて、べつのやりかたをいくつか教えてもらいました。いろいろ試しましたよ。たいていは、やってみたら確かに効果がありました。

たとえば、あ、腹が立ってきたなと思ったら、タイムを要求する。文字どおり、スポーツの試合なんかでいう「タイム」です。ナショナル・フットボール・リーグのハンドサインをそのまんまねてね。それを見たら母も、「あ、この子はもうじき爆発しそうなのね」とわかるってわけ。母の方も、深呼吸したりするようになりました。ちょっと考えて、別のアプローチを試してみる。たとえば、私の頭にやさしく手を置いて、「あなた、ちょっと熱くなりかけてるわね」って合図してくれるとか。

こんなのって、あまりに単純すぎて、くだらないと思われるかもしれませんね。でも、私たちにとっては、こんな何の変哲もないテクニックが本当に役に立ったんですよ。おかげで私たちは、前よりうまくつき合えるようになった。何より、私自身、自分はこんなふうにかんしゃくを起こすのかって気づくことができたし、こんなものを好き勝手に爆発させてたらどんなにひどいことになるか、自覚できましたから。

このときに学んだことが、今、自分が父親になってみて、おおいに役に立ってます。子どもたちに腹が立ったら、この種のテクニックを使ってみる。そうしたら、その場の状況にもブレーキをかけられるし、状況を冷静に考えられるようになるんです。

ＡＤＨＤは、使いようによってはすばらしい宝物にもなりうる。次に登場してもらう男性は二人の女の子の父親だが、今では自分のＡＤＨＤを一種の天恵と考えているという。彼の場合、子ども時代は決して楽ではなかったものの、苦労をかかえつつも成長する過程で、彼にしかない独特のもの、何か特別なものが芽ばえ、育ってきたのだろう。

たいていの人にとっては、ＡＤＨＤをかかえて生きることは、大変な重荷でもある。だが、次の例からもわかるように、ＡＤＨＤという重荷を背負って苦労したおかげで、普通なら気づかなかった宝物が見えてくることだってある。「ありふれたものでも当然と思わず、ありがたみを感じられること」「自律を目ざして、意識的に努力するようになること」。この二つばかりではない。ＡＤＨＤの「おまけ」として付いてくる贈り物は、ほかにもたくさんあるのだ。

おかしな話だけど、自分の子どものころのことを思い返してみても、あんまり思い出せないんですよ。なぜ覚えてないんだろうって、ずっと気になってました。ところが、以前かかってたセラピストの一人に、「ああ、それはＡＤＨＤの人にはわりとよくあることですよ」って言われたことがありましてね。その先生の話じゃ、ぼくらの場合、いろんなことに気をとられてる間に〈今〉っていう時間を見のがしやすいんだそうです。それも、へたすると、見のがしてるってことにさえ気づかずにね。この説明はしっくりくるもので、納得がいきました。でもその一方で、何だか悲しくなります。パソコンでいえば、うっかりハードディスクの中身を消去しちゃったようなものでしょう。バックアップは取ってなかったし、Cドライブには何十年も前からの大事なファイルがいっぱい入ってたのに。ちょっぴり悲しいことですよね。でもまあ、単に悲しいってだけで、それだけのことですからね。

大人になり、父親になった今は、ADHDのおかげで得をしたと言えるようになりました。ぼくはかなり、他人の気持ちに共振する力の強い方でね。人間っていいなあって思うタイプなんですよ。兄とは逆。兄は論理的で機械に強い代わり、対人関係にひどく不器用でね。難しい本ばかり読んでて、凝り性で、一つのテーマをひたすら掘り下げる方。ぼくは友だちと遊んでばかりで、勉強はぎりぎりすべり込みで。両親にもときどき、「やる気がないんじゃないのか?」「怠け者なのね」と言われたことがあるけど、兄もぼくのことをそう思ってたんじゃないかなあ。年は近いのに、共通する話題なんてほとんどなくて、共通の友だちもいなかったっけ。

大人になってから、ぼくは大変な時間をかけて、自分を律すること、そして、手順や秩序を守ることを学んできました。どちらも、子どものときにはさっぱりできてなかったことです。セラピーを受け、自助グループの仲間に支えられ、本や資料を読むことで、自分なりに少しでもじょうずに生活するための方針が見えてきたんです。

それに、父親としても、とても努力してます。娘たちはＡＤＨＤじゃありません。本当のところはわかりませんが、たぶん違うと思います。娘たちとはたっぷり一緒にすごすように心がけてますし、どんなときでも、敬意を忘れない接しかたをするようにしてるんです。

こんな努力は報われる

ＡＤＨＤの子どもたちは、不適切な行動をしているとき、自分で「これはまずい」と自覚していることが多い。ただ、野生の鹿がヘッドライトに照らされるとすくんでしまって逃げられなくなるように、一種の麻痺状態に陥って、途中で行動を変えられないだけなのだ。

行動する前にじっくり考える力は、年齢を重ねるとともに伸びてくる。そして、この力の伸びは、外からの援助で加速させることも可能だ。たとえば、セラピーが功を奏することもあるし、チームでするスポーツを経験させてやるのが役立つ場合もある。

さらに、まわりが励ましてやることで、子どもが自分で自分に浴びせてしまうマイナスメッセージの害も、かなり中和してやれる。ＡＤＨＤのある子どもたちは、とかく、自分で自分をけなすのがクセになりやすい。「ぼくは頭が悪いんだ」「みんなに幸せになってもらうために、ぼくは死んだ方がいいんだ」「この家には、ぼくのことを本気で好きな人なんていないんだ」「ぼくがいない方が、家族みんなのためになるんだ」……。

若者たちの話を聞いてみると、一般に、子どものときに周囲がたゆまず応援してくれたという人々の方が、確固とした自己イメージを持っていることが多い。

ぼくは本当に小さいころから薬を飲んでましたから、飲みはじめる前のことは覚えてないんです。聞いた話だと、診断されたのは四つくらいのときだったそうです。両親の話では、診断がつくまでの間に、プレスクールを三つもやめさせられてたとか。

これは自分で覚えてるんですけど、八つか九つのある日、両親に言われましてね。「ようし、今日は薬なしでしっかりやってもらうぞ」って。でも、こうして薬を抜いた日は、たいていひどいことになりました。何とかやっていけるようになったのは、ずっと大きくなってからですね。とてもじゃないけど持ちこたえられなかった。ぼくは叱られるし、二人は夫婦げんかを始める。二人とも、どうしてもぼくに薬なしでがんばれるようになってほしかったんですね。

薬を飲んでないときのぼくは、そこらじゅう走り回るし、何でも触る。ほら、庭のホースって、急に水をたくさん出したら、水圧でぶんぶん振り回されるでしょう。あんな感じでした。薬を飲むと、状況を見て主体的に動ける。じっくり考えることもできるし、がまんして待つこともできる。悪いことをしたら「しまった」と思い、良心の呵責を感じることもできる。なのに薬が切れると、つき合いにくい、手に負えない子になってしまう。両親や弟たちもそう思ってただろうけど、ぼくだって、自分でいやというほどわかっていました。「これじゃいけない」って頭ではわかっているのに、ちゃんとしようと思っても、どうしても続かないんです。それに、大人になった今は、難しいことばも知ってるし、いろいろ考えることもできるけど、当時は語彙も貧困だし、「ぼくはこうなんだ」って自分で理解することもできなければ、人に訴えることもできなかった。

父にはよく言われました。「これだけできてくれたらいいんだ。ほかの人にちょっかいを出すな。みんなにていねいに接しなさい。たったこれだけじゃないか。何も、子どもらしい楽しみをやめろと言ってるんじゃない。普通にしててくれたらいいんだ」って。ぼくも一応、聞こえてはいるんだけど、ちょっとたつともう、金切り声を上げたり、誰かの手を引っぱったりしてじゃまをしてる。［冗談ぬきで、小さいころから死にたいと思ってました。だって、みんな、ぼくのそばにいたくないって思ってるのがよくわかってたから。

今でも、むらむらっと悪い気を起こすこともあるし、思わずはた迷惑なことをやりたくなるのも相変わらずです。でもありがたいことに、今じゃ衝動を抑えるテクニックを覚えましたからね。まず、意識してその場から身を引き離す。そして、深呼吸をして、自分は今、何をすべきだろう？　って考える。

注意の持続時間の方は長くなりました。だから、やるべきことは何とか片づけられるようになったし、自分でこれと決めたゴールにむかって努力を続けることもできてます。セラピーを受けたのはとても役に立ちましたね。それに、家族との関係が良くなったことも。

みんな、ずいぶんぼくのことを辛抱してくれて。大変だったろうと思うし、とても感謝してる。

でも、結局のところ、一番がんばって改めなきゃいけないのはぼくなんです。今になって、やっとわかるようになりました。前はずっと、ほかのみんながああなってくれたらいいのに、こうなってくれたらいいのにって思ってた。でも、二六になってようやく、自分の幸せはどこにあるのかがわかったんです。そう、ぼくの幸せは、ぼくの中にしかないんですよ。まわりの物や、ほかの人じゃないんだ。

かつて、国連事務総長として世界平和に貢献したダグ・ハマーショールド氏は、こう語っている。「ここで少しでもふり返れば、何もかも崩れてしまう——それがわかっているだけに、すべてが簡単に決まってしまうとき。選択するのに、あれこれ考える必要さえなくなってしまうとき。そんなときがある。そう、そこを過ぎれば二度と後戻りのきかない、人生の臨界点というやつだ」

誰の人生にも、自分の生きかたを自分で選ばなくてはならない「分かれ道」のようなときがある。だが、ここでどちらの生きかたを選ぶかは、その場でいきなり決まるものではない。実は、それまで長い時間をかけてでき上がってきた、行動のパターンによって決まることが多いのだ。子どものうちに、盗みや嘘、薬物濫用といったネガティヴな行動を積み重ね、習慣になってしまったなら、青年期・成人期になってこれまでのクセを改めようと思っても、大変な苦労をすることになるかもしれない。だから、介入するなら、早ければ早い方がいい。

その〈時〉を待て

ドン・イライアムとジーン・イライアムは、その著書『Raising a Son: Parents and the Making of a Healthy Man』の中で、子どもが変わるには変わるべき〈時〉があるのだと述べている。その子の内側で本当に準備が整うまでは、まわりが何をしようと一歩を踏み出すことはないのだという。「私たち親がどんなに強制しても、おだてても、エサで釣っても、子どもの魂が前進を決めるのは、魂の準備が整ったときだけ。私たちの条件ではなく、その子の条件が整ったときだけ。その〈時〉がいつ訪れるのか、前もって計算することはできない。でも、終わってみれば、必ず『あれがそうだったのか』と気づくもの」

もちろん、われわれ親にも手伝えることはある。愛情を注ぎ、励まし、子どもが安心して育つことのできる環境を準備するのは親の努めだ。だが、親の援助、親の用意してやったモノをどう使うか、何に使うかは子ども自身に決めさせなくてはならない。諺《ことわざ》にもいうではないか。「親の力で子どもに強制できることなどありはしない。ただ一つの例外は、『親に反抗すること』くらいのもの」もちろん、力で無理じいしたり、脅迫したりすることもできないわけではないが、裏目に出れば、親も子も共倒れになる。子どもがゆっくり自分で考えて道を選べる余裕を与えてやること――これこそ、親から子への大きな贈り物なのだ。子どもが小さいうちに精いっぱい力を尽くしたなら、ある日を境に、子ども自身に責任を手渡さなくてはならない。このことをよりはっきりとわかっていただくには、次の例が参考になるだろう。

おやじはおれに、フットボールの選手として活躍することしか求めてなかった。おやじ自身も、大学時代に活躍してたんでね。いつも、お前はすごい才能に恵まれてるのに集中力がない、コーチの話もうわの空だって言われてた。練習日には毎回おやじがついてきて、何かっていうとどなり散らす。その日のできばえが気に入らなければ、帰りは家に着くまでおれのことを無視して、一言も口をきかないんだ。この沈黙がたまんなくてね。今は自分も親になったから、うちの坊主だけはあんな目にあわせないようにって気をつけてるよ。

ある日、「大学では、もうフットボールはやらない」って言ったんだ。そのときのおやじの反応といったら、まるでおれが殺人で起訴されたって聞かされたみたいだった。「何て怠け者で、わがままなんだ。いつか後悔するぞ」って言われたよ。フットボールをやらないなら、大学の学費は自分で稼げってさ。結局、進学はしなかったけどね。

おやじが望んでるのは、おれがおれではない人間になること、さもなきゃ、昔のおやじと違う人間になることじゃないか。そんな気がしたね。おれの記憶の中じゃ、おやじがおれに望んだことといえば、ボールを放り投げることだけ。おれとおやじの関係は、それだけのものだった。だから、おれが自分の道を進むため、フットボールを終わりにしたら、おやじとの関係もそれっきり終わりになったってわけさ。

このお父さんは、息子がフットボールに興味を失ってしまったのに、なおもプレイを続けることを望み、圧力をかけつづけた。息子はフットボールの才能があったが、情熱の方は父親ほどではなかったのだ。もしかしたらこのお父さんには、「自分がプレッシャーをかければかけるほど、息子は言うことをきくはずだ」という思いこみがあったのかもしれない。

もちろん世の中には、好き嫌いにかかわらずやらなくてはならないこともある。たとえば、家事の分担などがいい例だろう。本当は遊びたい、別のことをしたいと思っても、家族の一員である以上は、家の用事を分担するのは当然だといえる。

子どもに家事を分担させようと思ったら、まずは親が模範を見せなければならない。次に紹介するのは、今では三人の子を育てている若い父親の回想である。

私の育った家では、父はいつも家事を分担してましたし、建物の手入れは父の担当でした。私はそんな父をずっと見てましたから。誰かに「これ、うまくいかない」「なかなか終わらない」って言われると、父は口癖のように、「これがすんだら代わるよ」って応えていました。ほかに用事をしている人がいたら、父はいつもそばにいて手伝ってたものです。

家事だって子どもにとっては「いやなこと」かもしれないが、家事ならば、強制するにも正当な理由があるし、押しつけることが不当だとはいえない。だが、夢や希望となると話は違う。本人はやる気がないのに、親の夢や希望を押しつけたのでは、親子の関係を壊しかねない。いや、

関係どころか、子ども自身がつぶれてしまうことさえある。

うちの父はまさに暴君でね。一緒にいると楽しくなかった。正直言って、父に何を言われようと、ほとんど聞き流してたな。どうして姉さんみたいな成績が取れないんだとか、弟はしっかりしてるのにお前は無責任だとか言われてたけど。父はそれこそ休みなしに文句ばっかり言ってたからね。

あるとき、町内会の遠足でお弁当を食べてたら、近所のおじさんが来て、父にむかってぼくのことをほめたことがあったっけ。坊ちゃんは本当に気のきくお子さんですね、私どもはずいぶん手伝ってもらって助かりましたよとかね。そしたら父は、「こいつが？ まさか。お宅でだけそんなにいい顔見せてるんなら、いくらでもさし上げますよ」って言ったっけ。あれは本気だったね。そのおじさんはわざとらしく笑ってその場を繕うと、ぼくの肩をポンと叩いて、退散してしまった。

父はよく言ってたよ。ぼくが障害を言い訳にしてるって。ADHDなのをいいことに、努力しないで手を抜いてるってさ。リスクを冒すのが怖いから、ADHDの陰に隠れてるんだっていうのが父の口癖だった。

母はADHDのことをよくわかってたし、ぼくのこともわかってくれた。ぼくがこうして働いて自立できるようになったのも、父親として責任を果たせるようになったのも、母がいてくれたからだね。父は相変わらずあの通りの人間なんだから、しかたないよな。ぼくは今じゃ、父のことなんかめったに思いだしたりしない。父にあれをされたとか、これをされたとかも思いだすことはない。自分の選んだ道で成功すること、そのために今やらなくちゃならないこと、それだけに専念することにしてるんだ。

父に対しては、とりつくろったりしてないよ。こっちのことはほとんど何も言わないし。今じゃ父も気がついてると思う。特に、孫に会わせないからね。うちの子どもたちには、父と仲良くしなさいとか言わないし。ぼくの実家にもめったに行かないし。

年に一回、二週間ずつ、母だけがうちに来るんですよ。子どもたちはお祖母ちゃんが大好きで、楽しみにしてる。ぼくが父に会うのは年に一、二回。それで十分だな。悲しいことだけど、しょうがないことさ。父の失ったものは大きいよね。ぼくとのつき合いも失い、今じゃ孫たちにも会えないんだから。でも、ぼくだってこれでも精いっぱいがんばったんだ。本当に、精いっぱいにね。

子どもたちに、自分でこれと思った道を進むよう励ましてやれば、最終的には実に大きな実りが得られるものだ。ただし、これを実践しようと思えば、かなりの自制心が必要になる。本心では、ここでハッパをかけたいと思っても、いや、それどころか、「いったい何をやってるんだ」とけなしたいときでさえ、自分に「いやいや、この子はこれでも一所懸命なんだから」と言い聞かせて耐えなくてはならないのだから。

子どもが感情的になって、かんしゃくを起こしているときのようすは、とてもじゃないが一所懸命になんて見えないだろう。でも、そんなときの子どもは、舵を失って、自分ではどうすることもできずにいるか、つらい感情の渦にのまれてしまっているのだ。そんなときは、親であるわれわれの対応が大きくものをいう。わが子が「また失敗してしまった。これだからぼくはダメなんだ」と思うか、「よし、また一回、経験を積むことができた。これを教訓にすれば、克服できる日がそれだけ近づくんだ」と思えるかは、われわれの対応いかんで決まるかもしれない。親が子どもにかけることばの威力は絶大だ。子どもというのは、親に言われたことばを実によく覚えているもので、言った当人はとうに忘れているのに、言われた方はいつまでも忘れないなんてことも珍しくない。

これは、特にADHDとか、そういった障害のない子でも同じことなのかもしれないけど、ぼくは、父に言われたことの中でも、いやなことに限ってやたらよく覚えてるんですよね。父は、本当はすごく立派な父親でした。ただ、ぼくがひどく手に負えなくてどうしようもなくなると、「お前ってやつはまったくどうしようもない役立たずだな」とか「お前ときたら、自分のことしか考えてないんだろう」とか、そんなことを言ってたもんです。それが忘れられなくてね。言われるたびに、ひどくつらかったのを覚えてる。で、つらいもんだから、父に腹を立てたり、逆らったりしたことも覚えてる。でも、逆らってみてもやっぱり、つらいのは治りませんでした。

はっきりとは言えませんけど、父があんなことを言ったのは、ぼくが「なにくそ」って奮起するようにって期待してのことだったのかもしれません。

今、一番上の息子がやはりADHDで、ぼくの小さいときと同じようなことをやってる。それを見てると、心のどこかで、父の気持ちもわかるんです。理性じゃいけないってわかっているのに、父に言われたのと同じようなことを口走ってしまうこともあります。父から引き継いじゃったんですね。でも、これはぼくの代で終わらせたいと思ってます。


父親だって人間だ。かんしゃくも起こせば、心にもないことを口走ることもある。ときには、ひどい仕打ちをしてしまい、後悔することだってあるだろう。だがありがたいことに、われわれの子どもたちは、実に心が広い。彼らの〈許す力〉ときたら、思わずうらやましくなるほどだ。

もしも過ちを犯してしまったら、よけいな言い訳などせず、ただ「申しわけない」「父さんが悪かった。ついカッとなって、がまんできなかったんだ。二度とあんなことはしないように、一所懸命がんばる。約束するよ」と言おうではないか。良いことであれ悪いことであれ、自分のしたことは自分のしたこととして正直に認めるべきだ。そうすることは、息子にとってもまたとない手本になる。「人間はみんな、まわりの人に影響を与えている。ときには迷惑もかける。そのことは、認めてしまってもだいじょうぶなんだ。いや、堂々と認めてしまうのは、むしろ、正しいことなんだ」——謙虚に謝る親の姿を見せることで、そんなメッセージが息子に伝わるのだから。

親だってときには、子どもの行動にどうしてもがまんがならなくなって、ひどい対応をしてしまうことはある。でも、次の証言をご覧いただきたい。人を許すとは、何と尊い行為だろうか。そして、許しを乞うとは、何と勇気のいることだろうか。

父のことといえば、思い出すことは山ほどあります。でも、何よりも印象に残ってるのは、何か失言したり、失敗したりしたとき、私を抱きしめて、「パパが悪かった」って謝ってくれたときのことですね。私が「そんなのいいよ、パパ」って言うと、「いいや、良くない。お前にも、ほかの誰にも、さっきのパパみたいなことをしてはいかんのだ。人はときどき、がまんがきかなくなることがあってね。パパはよく、うっかり忘れてしまうんだよ」って言われたもんです。

母の話だと、父は爆発する前に、それこそいろんなテクニックを試してたそうです。でも、いったんキレちゃうと、父の怒りかたはすごかった。

母はこうも言ってました。ぼくはとにかく強情な子だったってね。それに、何でも手をつけるだけつけて、最後までやりとげずに放り出す。少しでも思いどおりにならないことがあると文句たらたらで、機嫌を直さない。父は今でも言ってるけど、父にとって一番つらかったのは、この点だったそうです。

でも、父は厳しかったけど、ものすごく優しい人でもありました。自分の気持ちをはっきり出すのを恥ずかしがらない人だったし、何かまちがったことをしたら、正直に認める人でした。よほどの勇気のいることだと思いますよ。子どもの前で自分の弱味をさらけ出すんですからね。ぼくがここまで強い人間に育ったのは、父のそんな態度のおかげもあると思うんです。

第10章　まとめ

子どもが小さいうちは、両親こそが最大のお手本だ。両親以上の影響を与えうる人などいない。ということは、両親には大いなるチャンスが与えられているともいえる。「こうしたいとき、こうしてほしいときは、こんなふうにふるまうんだよ」と、自らの行動を通して示してやる機会がたっぷりあるのだから。

次の証言をご覧いただきたい。この夫婦は、他人の目に（とりわけ、学校の先生に）わが子がどう映ろうと、わが子の障害が、知識のない人の目にはどれほどわかりにくいものであろうと、息子に必要な配慮を求めて、ねばり強く交渉を続けている。この夫婦にとっては、こうしてあきらめずに交渉するのは、たんに権利を勝ちとるためというばかりでなく、自分たちの姿を見せることで、子どもの手本になることでもあるという。

うちのケンは、特別な配慮のいる子どもなんです。だから、私も家内も、痛いほどわかっていました。この子は私たちが守ってやるしかない。黙っていたら、何一つ手に入らないんだってね。先生方にだって、この子のニーズは徹底的に説明しないと、勝手に理解してくれるなんてあり得ない。それどころか、ねばり強く要求しないと、まともに扱ってもらうことすらあてにできない。

わかってはいたけれど、いざケンに向いた援助態勢を整えてもらおうと思ったら、それこそとても粘り強く交渉しつづけなけりゃなりませんでした。
家内も私も、ケンに見本を見せてやりたいんですよ。必要なものがあるなら、それなりの手順を踏んで、正しい方法で手に入れなさい。そして、誰かにじゃまされようと、そんなのあきらめろと言われようと、耳を貸すんじゃないよってね。

ＡＤＨＤとつき合うのは、本人にとっても大変だが、親にとっても重労働だ。かなりの努力を求められることもあるだろう。

でもその一方、ＡＤＨＤのおかげで、父子の結束が強まることもある。次に登場するお父さんの場合、「息子がＡＤＨＤだったおかげで、自分は、息子の人生にプラスの影響を与えるチャンスをもらえた」と考えている。

ぼくは思うんですけど、ジョッシュがＡＤＨＤだったおかげで、ぼくたち親子は、普通以上に親しくなれたんじゃないでしょうか。
あの子ががんばって、何か一つできるようになるたび、ぼくにはそのありがたみがわかりますから。もしジョッシュに障害がなかったら、ぼくは、何でもできて当たり前みたいに思って、あれができた、これができたって、いちいち喜ばなかったかもしれません。
ぼくたち親子がこうして親しくなれたのは、あいつがＡＤＨＤだったからなんです。あいつがＡＤＨＤじゃなかったら、ここまで密にコミュニケーションをとってませんでしたよ。うちにはジョッシュ以外にも子どもが二人いますが、一緒にすごす時間は、ジョッシュが一番ですね。あとの二人はもっと自立してて、ジョッシュみたいにしじゅう見てなくてもだいじょうぶなものですから。

私がこうしてたっぷり関わってきたことも、あいつの自信につながってると思います。そして、ひいてはそれが、自分で自分をコントロールする力を伸ばすことにもなってると思うんです。

また、あるお父さんの場合、自分は一歩下がって息子の行動を観察することで、「今はどんな援助をしたらいいのかな?」と探ることを学んだと語ってくれた。

これをやろうと思えば、父親の側にはかなりの忍耐強さが必要だろうし、息子の現状をしっかり受けとめていなくては無理だろう。

スティーヴがADHDだってわかってからも、私はしばらく、「何でもいいから、本当にADHDなのかどうか、白黒つけるテストはないのか?」って思ってたもんです。でもADHDってのは、血液検査でわかるもんじゃない。この質問に答えればわかりますなんていう万能のチェックリストがあるわけでもない。本当のことを知るには、本人の行動だけが頼りなんです。

息子の行動を見ていれば、ああ、ここまではできるんだな、今はまだ、これはできないんだなってのがわかります。スティーヴの場合、全般的な発達にもちょっと遅れがあるし、LD（学習障害）もいくつか重なってる。ってことはつまり、暦年齢が六歳だからといって、普通の六歳児と同じ成長の度合いを期待するわけにはいかないんだ。そう気づいたんですよ。

スティーヴの発達のペースは、スティーヴ独自のものです。そいつを知りたけりゃ、本人の好きなように行動させてみて、それを観察する中で、何ができて、何ができないかを探っていくしかない。何かできなくて悔しい思いをしても、息子はまだ幼くて、ことばで説明できません。今のところ、「これがやりたいのに、じょうずにできなくてじれったい」っていうのは、私らが行動を観察して判断するしかありません。

最初は、これがなかなかわからなくてね。でも今じゃすっかり、まず本人の行動を観察するクセがつきました。今のこいつのレベルだったら、どのくらいの対応がちょうどいいのかを知るには、とにかく観察。こっちの目標やら願望やらにあいつをはめ込もうとしてもダメなんです。今のスティーヴの力でぎりぎりできるってラインを見きわめて、ちょうど歯ごたえのある課題を与えてやるんです。

何かできたら、必ずほめます。どんなことでも関係なく、とにかくほめます。そして、今ならほんのちょっとだけ難しいかなってあたりの課題を出して、ちょびっとだけ刺激してやるんですよ。

焦りは禁物

本人のレベルに合った援助や介入をしたからといって、子どもの行動はすぐには変わらない。まずは子ども自身が、行動を改めるなんて「無理じゃないんだ、できるんだ！」と気づき、しかも、自信を持てるようになる必要がある。だが、このステップには時間がかかるかもしれない。

子どもに少しでも早く〈より良い行動〉を試してほしかったら、親の対応が大きくモノを言う。これまでの実績から見て、どうやら「たとえ子どもが不機嫌でむっつりしていようとも、親は明るく前向きな働きかけを崩さない」というのが、結局は一番得な方針のようだ。つまり、両親は子ども専属の応援団になり、底抜けに明るい声援を送り続けること。これをひたすらくり返しているうち、萎縮していた子どもの中にも、「ちょっと難しそうだけど、イチかバチか、やってみようかな」「初めてのことだけど、試してみようかな」という意欲が少しずつ芽ばえてくる望みはある。

ぼくの場合、息子の困った点にばかり注目することはあんまりありません。それに、本人が自分の欠点にとらわれてしまうような言いかたをしないようにってのも気をつけてる。たとえば、「たまには、ちゃんと集中できんのか？」とかね。

そりゃ、難しいときもありますけどね。でも、いいこと、できたことを取り上げて口にしてやることで、かなりいろんなトラブルが予防できるんじゃないかと思うんですよ。それに、そうやってほめられてる方が、難しそうなことにも挑戦しようとか、慣れないことを試してみようとか、そういう意欲も育つと思いますし。「どうせパパはいつもけちばかりつけるんだから」って思わせてしまったら、冒険心ってものが育たないし、積極的な子にはなれないと思うんですよ。

〈困った点〉より〈いい点〉に目を向けよう

父親が「この子の困った点にばかりとらわれるのはやめよう」と頭を切り替えてしまうと、二人の関係は良い方向へと向かっていく。二人の関係がすばらしいものになれば、父親も息子もおおいに得をすることになるのだ。父親が子どものいい点をほめていれば、子どもは明るい顔で応えてくれるようになるし、楽天的な発想をする子になって、積極的に物ごとに取り組むようになる。父親が手にするのは、息子の笑顔。息子が手にするのは、自分の成功。

もう一つ、よくできた点をほめるのは、子どもの情緒にとって安全な環境を準備することにもなる。

自分の子どもがADHDだって知ったら、そりゃ最初は絶望的な気分になる時期もあるかもしれません。でも、そんな時期は早く通過しちゃう方がいい。よその親御さんの話を聞いてたら、「うちの子はここがまだダメだ」って、それぱっかりにエネルギーを注いでる人もいるみたいですから。
確かに、困った点にばかり注目しそうにもなるんですよ。だってＡＤＨＤの子どもたちって、とにかく困ったことをいっぱいやらかしてくれますからね。でも私はあえて、立派にふるまってるときにこそ、しっかり注目してやることにしてるんです。もちろん、せっかくほめたって、次の瞬間にはもう困ったことをしてしまうんですがね。でも、そっちの方には引きずられないよう、心がけてます。だって、息子が「パパは敵だ」って思ってるより、「パパは味方だ」って思ってるときの方が、実りが大きいってわかってますからね。

このように、子どもの「できる点」を大切にすれば、子ども自身ばかりでなく、両親まで心が軽くなり、新しい可能性が開けるものだ。

息子を育てる上で目標にしてるのは、少しでもこの子に成功体験を積ませてやるってことです。本当に肝腎なのはそこなんですよ。
私たち夫婦は、「子どもには、充実した生活をさせ、達成感を味わわせてやるべきだ」っていう主義なんです。だから息子にも、息子なりの達成感を味わえるよう、精いっぱいサポートしてやりたい。そのためには、心地よい家庭環境を用意すること、そして、健全でためになる遊びや習い事のお膳立てをしてやることを心がけています。

自分自身をもっとよく知ろう

ＡＤＨＤは普通、遺伝子を介して伝わるものなので、「息子を見ていると、何だか自分を見ているような気がする」というのはよく聞く話だ。あまりに自分と似ているのでかえって親しめない、なかなか応援してやる気になれないということもあれば、逆に、自分も同じ苦労を経験しただけに、気持ちがよくわかることもある。

そんな場合、子どもを援助する前に、まずは自分自身をよく見直し、自分の育った家庭環境についても十分にふり返ってみた方がいい。それをやらないと、わが子を助けたいという気持ちだけはあっても、空回りしてうまくいかない人が珍しくないのだ。

でも、自分をふり返るという作業は、必ずしもスムーズにいくとは限らない。場合によっては、ひどく難航するケースもある。

息子を見てると、今のこいつが苦労してることは、昔のおれの苦労とそっくりじゃないかって思うことが多いよ。

それだけじゃない。息子は性格やタイプもおれと似ててね。だから、まるで自分を見てるような気がして、そのせいでつい、つらく当たってしまうことがある。自分そっくりな行動をやめさせたくて、ときには、本当にひどいことをしてしまったりね。

おれにとって、息子は自分の延長なんだろうな。いいとこも、悪いとこも、どっちでもないとこも。
おれは息子のお手本にならなきゃいけない。それがおれの責任なんだ。まずおれ自身が、自分のいやな点も受け入れられるようにならなきゃ。おやじであるおれがそんな姿勢を見せていれば、息子だって、自分に少々かっこ悪いとこ、気に入らないとこがあろうと、どっしり構えていられるようになるはずなんだ。
おれにもわかってきたよ。本当の意味で息子を支えられる親になろうと思ったら、まずは自分自身の態度をふり返らなきゃ。おれはまわりの世界に対して、どんな反応をしてるか、それをチェックしなきゃいけないんだ。でも、それは簡単なことじゃないんだよ。

自分と同じＡＤＨＤの子どもを育てるようになったおかげで、父親自身も、「子ども時代・若者時代の古傷を改めて手当てし、解決するチャンスができた」というケースは多い。自分が子どものときには得られなかった援助をわが子に与えることで、あるいは、子どもがＡＤＨＤゆえにトラブルを起こしたときに、自分の両親よりもじょうずな対処法をあみ出し、習慣にすることで、未解決のままになっていた〈満たされない思い〉が薄らいでいくのである。

ロブが今、経験してることを見てると、まさに、「歴史がくり返してる」って感じです。今のロブが苦労してることは、私の経験とそっくりなんです。そっくりすぎて、つらいくらいなんですよ。まわりの人たちに言われてることばまで同じ。いや、私まで一緒になって言ってしまってるんですけどね。「本当はこんなに頭がいいのに。どうして本気を出さないんだ？」とかね。

私は今、息子の経験に立ち合ってる。おかげで、子どものときに苦しんで、中途半端なままに残っていた思いを、改めて見直すことができてます。今度こそ、「すんだこと」として葬ることができるんですよ。

それに、私が子どものときは、こんなふうに助けてもらえなかったけど、息子には私がついていてやれるし、立ち直りを手伝ってやれる。そう思うと、これも何というか、私自身、精神的に救いになるんです。

次の例で紹介するお父さんの場合、子どものとき、勉強ができなくて困っているのに、両親に十分な援助をしてもらえなかった。でも、親となった今、「自分が気を配り、しっかり関わってやれば、子どもには自分のような苦労をさせずにすむのではないか」と言う。自分の学校時代の記憶が鮮やかなだけに、わが子は勉強をあきらめずにすむよう、励ましてやりたいのだそうだ。

本当に自分に正直になって考えてみたら、子どものときのおれはＡＤＨＤだったって言うしかないよ。ひょっとしたら、今でもまだＡＤＨＤなのかもしれない。集中するとか、その手のことは苦手だった。診断はされなかったけど、注意力は、生まれたときからずっと欠けてたと思うよ。

おれはスポーツが得意で、そっちの方面じゃたっぷりほめてもらえたし、励ましてももらえた。だから学校も何とかやっていけたんだよ。社交性もある方でね。学校じゃいつも、華やかで、遊び好きタイプの人気者だった。勉強はぎりぎりだったな。活躍の場はグラウンドだった。スポーツの場でなら、いくら好き勝手に暴れても、叱られる心配はないからね。

先生にお説教されずに何とかすり抜けるのは、本当に大変だった。あの手この手、とにかく必死だったよ。セスにだけは、あんな思いをさせたくない。あいつがおれと同じ目にあうところを見るなんてたまらないよ。

でもね、おれの方が、うちの両親よりもたっぷり息子に関わってると思うよ。それにおれなら、こんなときはこうしたらいいってのを、ようく知ってるからね。

おれだって、家族がもっと応援してくれたら、それか、「自分だってもっとできるはずだ」って思ってたら、もう少し勉強したと思うんだよ。おれはひたすら、「お前は怠け者なんだ」「本気でがんばらないからだ」って言われるばかりだったもんな。

そうなのだ。「父親として、ADHDのあるわが子と向き合う」という経験は、またとない学びのチャンスでもある。自分という人間について、親としてなすべきことについて、深く学ぶきっかけを与えてくれるのだ。

私とトッドの関係を見ていたら、どこまでが普通の親子にもありがちなことで、どの部分がADHDのせいなのか、よくわからなくなりますね。

でも、トッドを育ててみて、自分は思ってたほど忍耐力がないなあって思い知らされました。まあ、子どもがADHDじゃなくてもそんなことはあるんでしょうけど、トッドのADHDのおかげで、さらに目立ちやすくなったんじゃないかと思います。

トッドのおかげで、忍耐とか、寛容さとかいうものの本当の意味を学ぶことになりました。本当ならどなりつけたい、本当なら見なかったことにして立ち去りたい、そんなときにもぐっとがまんして、抱きしめてやることを覚えなくちゃなりませんでした。

でも、私にとって最大の教訓だったのは、これです。まずは親が、子どもの今の発達段階に見合ったレベルまで降りて迎えに行くこと。そうすれば、子どもは必ず、自分から一歩を踏み出すんです。もちろん、すぐにとはいきませんよ。でも、親が無理をせずに待ってやれば、子どもは「ぼくはだいじょうぶなんだ」って納得する。そして、「いろいろ苦しいことはあるけれど、人生はこんなもんなんだ。おかしいことじゃないんだ」っていう感覚が身につくんですよ。

私の目の前で、息子は、自分の力で成長してくれました。あの子の成長ぶり、あの子の勇気を目にすることで、私までがんばらせてもらえたんです。私が自分でがんばろうと思っただけじゃ、ここまでがんばれなかったでしょう。

息子のADHDという課題を与えられたことで、私は、父親として、人間として、自分の至らない点をしっかり直視するチャンスをもらったんです。

親にだってサポートは必要

みなさんは父親として、わが子に愛と、エネルギーと、援助を与えることができる。でも、そのためには努力も必要だし、かなりの時間を割かなくてはならない。

誰かを支えるためには、自分も誰かに支えてもらう必要がある。それも、長期戦となるとなおさらだ。無理をせず、より良い援助を続けるために、自分自身のためのサポート態勢を整えることも大切にしていただきたい。

この本は、そんなサポート態勢の一環として役立ててもらうため、そして、先輩たちの知恵や情報をお伝えすることで、少しでも賢い決断を下すのに役立ててもらうために書いたものだ。みなさんはこれからも、ＡＤＨＤのわが子と連れだって、長い旅を続けていく。ときには、どちらへ行くべきかと迷うこともあるだろう。そんなとき、自分たち親子に一番向いた道を選ぶのに、本書で紹介してきたお父さんたちの声が参考になれば、大変うれしく思う。

祖父たちからのメッセージ――問題児だった息子が父となって

ＡＤＨＤの息子、孫を見守る祖父として

次に紹介するのは、六五歳になる男性の証言である。彼の息子は、子どものときからＡＤＨＤに苦しみ、成人しても症状は消えないまま、三八歳になった。そして今、九歳になる孫も、父親が経験したのと同じ、ＡＤＨＤゆえの問題に立ち向かっている。

息子の小さいころといえば、覚えているのは、とにかく鉄砲玉みたいに走り回ってたってことですね。まだ学校に上がる前のことです。近所で一番高い木のてっぺんまで登ってしまうのもうちの子。どっかの家の窓ガラスが割れて騒ぎになってるってときに、おもちゃの鉄砲を持って立ってるのもうちの子。町内ではいつもめんどうを起こしてました。三歳から四歳、五歳のころは、命知らずの無法者のミニチュア版って感じでした。あんな度胸のある子どもなんて、見たことがありません。何しろ軽率で、後先なんか考えない子ですから、危なくて目が離せませんでね。私らも、ご近所の人たちも、いつもあの子を疑いの目で見てたもんです。おかげで息子は、自分のやったことばかりか、覚えのないことでも責められてましたね。いわゆる「わんぱく坊主」ってやつです。

確かに息子はエネルギーがあり余ってる分、どうしてもよからぬこともやってしまうわ

けですが、私の目から見れば、実におもしろい、見ていて飽きない子でした。ぼうっとしてやる気のない子どもたちとは全然違う。やることもおもしろければ、目のつけ所もおもしろい。私自身は息子みたいなエネルギーはありませんからね、自分と違うだけに見ていて興味が尽きませんでした。いや、冗談抜きで、楽しくてたまりませんでしたよ。

そりゃ、普通にしつけようと思っても効き目がなかったりして、くやしい思いはしましたがね。でも、基本的には一緒にいて楽しいやつでした。

そういえば、私には弟がいるんですが、こいつとつき合うのも、私にとっちゃ楽しいことでした。弟と息子は、性格が似てるんですね。とんでもなく愛敬があって、ユーモアのセンスがすごい。そして、何が何でも自由を求めて突っ走るところもそっくりです。二人とも、とっぴな思いつきをまっ先に試してみるタイプですね。

正直言って、私は弟が将来どんな人間になるんだろうなんて、これっぽっちも心配したことはありません。そりゃ、心配なことはありましたがね。酒だるに入ってナイヤガラの滝を下ったり、何か危ないことをやらかすんじゃないかとか、その種の心配はありました。でも、どんな大人になるんだ、何をやって食っていくんだなんてことでは心配したことはありません。毎日毎日は心配だらけでしたが、こいつはみんなに嫌われて仲間はずれになるんじゃないかとか、普通の生活ができないんじゃないかとか、そういう恐怖で頭がいっぱいになって、ほかのことも手につかないなんてことはありませんでした。勘でわかってたんですよ。こいつはこいつなりに、自分に向いたやりかたで暮らしを立てていくだろうし、社会にも貢献していくだろうって。

弟にはどこか具合の悪いところがあるなとはわかってました。でも、だからといって、もうダメなんだとか、こいつの可能性には限界があるとか、能力が低いんだとか、そんなふうには思いませんでした。兄である私自身がそういう印象を持ってなかったんだから、私の接しかたのせいで、弟に暗示をかけてしまう心配もなかった。そりゃ弟は問題だらけだけど、この世に欠点のない人間なんているもんですか。

孫のポールのことも、同じ思いで見ています。孫も、息子といろいろ似ててね。性格も父親譲りですが、父親と同じことで苦労してる。

私には勘でわかるんです、あの子なら社会に出ても、立派すぎるくらい立派にやっていけますよ。それどころか、この世はあの子のおかげでより良い場所になるはずなんだ。

何も私はポールの将来を美化しようっていうんじゃない。私だって身にしみて知ってますよ。ＡＤＨＤってやつはひどく手ごわいもんです。ＡＤＨＤをかかえてると、ままならないことがたくさん起きる。でも私はこの目で見てきたんだ。息子だって同じような苦労をしながらも、立派になったんだから。そりゃ、三〇年前の息子を見たら、不利な条件がてんこ盛りでしたよ。バクチで言えば、勝ち目ほとんどなし、その代わり勝てば大穴ってやつですかね。

確かに息子も問題だらけでした。でも私は一度だって、直すべき欠点だけで頭がいっぱいになったことはありません。あいつの行動を改めさせるために、テーブルをげんこつで叩いてみたり、お仕置きにテレビを見せなかったり、お出かけに連れていかなかったり、あれこれと脅しをかけたり、そんなことはやらなかった。

もちろん、もうダメかもしれないななんて弱気になったこともあります。でも、どんな弱気なときにも、まるきり希望をなくしてしまうってことはなかった。それに、こいつが私の息子なんだってことは、ずっと誇りに思ってた。こんなこと言ったって、すべてが無事にすんだからこそ言えるんだよって思われるかもしれません。昔話は美化されるもんだって思われてもしかたがない。でも本当なんだ。息子を育てている間じゅうずっと、一日も休まず、ずっとこうだったんだから。

私は、ものの見かたといい、基本的な気質といい、息子とこれっぽっちも似ていません。あまりに似てないおかげで、息子のやることにしろ、息子の置かれた立場にしろ、好奇心を持って見ることができる。気持ちの面で、距離がとれるんですね。ところが運の悪いことに——いや、運が悪いばっかりとは限らないのかもしれませんが——息子と孫は気質がよく似てる。そのせいだと思うんですが、あの二人はしょっちゅうぶつかり合ってる。

孫はとても小さいうちに診断されて、レッテルを貼られることになりました。私は、息子のことを障害児だなんて思って見たことはないんですが、孫の場合は、「障害児」っていうレッテルがべったり貼りついてる感じがするんですよ。それを思うと、ちょっと切ないものがありますね。息子のときと孫のときではどこが違うかっていうと、息子は、地域の人には「あの子はちょっとおかしい」ってレッテル貼られてたけど、父親である私には何のレッテルも貼られてなかった。孫は逆です。父親がレッテルを貼ってしまってる。近所の人は何も言ってないのにね。息子はポールのADHDに関しちゃ、大変なこと、つらいことばかりしか目に入らなくなってるんですよ。

確かに、息子も嫁も、ポールが小さいころから、とても熱心に関わってます。ポールのニーズを満たしてやるため、いろいろ手を尽くしてる。熱心なのはいいんですよ。でも、そうして気をつけて見てやってることにも、プラス面とマイナス面、両面あると思うんです。良かったと思うのは、ポールは本当に困ってたし、苦しんでたから、両親が原因を見つけよう、対策を考えようって思ってくれなかったら、大変だっただろうということ。逆にマイナスになってると思うのは、二人とも、ポールの困った面ばかりにかかりきりになってしまってることですね。ポールのやつ、行動とか態度とか、外から見える部分を徹底的にチェックされ、直されてる。

私だって息子の行動や態度は心配したけど、行動にばっかりとらわれることはありませんでした。なのに孫は、まるで試験管の中でくらしてるようなもんですよ。いつも観察されて、詮索されて。息子も子どものころは問題だらけでしたが、私は「こいつはこういう子に生まれてきたんだ」って思ってましたからね。人はいろんな素質を持って生まれてくるじゃないですか。ある人は目が茶色かったり、ある人は態度が大胆だったり。それが息子なんですよ。私は、息子が世の中を渡っていけるようになるようにって、そのための手助けはしましたが、あの大胆な態度を改めようとは思いませんでしたよ。

こう言ったからって、私の方が、今の息子よりも良い父親だったって言いたいんじゃありません。息子も嫁もよくやってます。二人仲良く、自分たちも子どもたちも安心できる、愛情あふれる家庭を作ろうとして、必死で努力してる。私が言いたいのはそういうことじゃない。両親があぁしてかかりきりになることで、ポールの中に眠ってる何かがしぼんでしまったりはしないのかなって心配なんですよ。何か大きなものに対する憧れとか、何としてでも抜け道を工夫してやるっていう創造の勢いとかね。もしかしたら、そういったものが失われていくことで、ポールは本当なら将来はもっと大きいことをなしとげるはずだったのが、小さくまとまってしまうかもしれないじゃありませんか。

毎日毎日の生活ってのは、実験室みたいな場所にしちゃあいかんのですよ。私が心配なのは、ポールはまだ小さいっていうのに、父親の実験室ですごしてることが多すぎるんじゃないかってね。まあ、確信があって言ってるわけじゃありません。ただほら、考えてみる価値のあるテーマだと思うから、ひとこと言っておきたかったんですよ。

私にとって、息子を育てるのは実に楽しいことだったんです。そりゃもう、とてつもない喜びをもらったって言えますよ。あいつを見てるのも楽しかったし、一緒に遊ぶのも楽しかった。でも、息子はポールと一緒にすごすのを楽しんでるんだろうか？　野球は一緒にやってるみたいですが、野球以外も楽しいと思ってるんだろうか？　私にはそれがよくわからんのです。二人が一緒にいるときのようすを見てると、会話っていえば「指示」「返事」「指示」「返事」の連続なんですよ。本当の意味での「会話」なんてちょっとしか

ない。いや、私はいつも一緒にいるわけじゃないから、二人がずっとこうなのか、本当の

ところは私にはわかりません。でも、たぶん、こんなもんなんじゃないかなって想像して

るんです。

息子を見てたらわかるんですよ。あの子はポールの将来が心配で心配でしょうがないん

だ。この子が将来「どうなってしまうか」ばかりが気になって、今のポールが見えてない

んじゃないか。ま、これも私が見ててそんな気がするっていうだけですけどね。

息子を見てると、子どもによってそれぞれ接しかたが違うのがわかります。どうやら、

上から二番目の子とのつき合いが一番楽しいらしい。二番目の子はのんきだし、わが道を

行くってタイプだし、いろいろあってつき合いやすいんでしょう。ポールと違って、父親

に対する接しかたもカジュアルで、ぴりぴりしたりもしないし。そんなきょうだいの存在

も、ポールにとっては重荷になってるんじゃないかと思います。自分だって、父親とあん

なふうにつき合ってみたいなと思ってるはずですよ。でも、どうやったらいいのか、あの

子にはわからないんだ。

息子の方だって、ポールと気楽につき合いたいっていう気持ちは同じなんです。なのに、

ポールと息子が近寄ると、磁石と磁石みたいに、すごいテンションになってしまう。おか

げで、お互いの重力に捕えられたみたいになってしまってね。二人とも、逃げ出したいの

に逃げられないんです。

変に大げさに言うつもりはないんですが、でも、あの二人は、反発しながらも引かれ合

ってるんですよ。二人とも、相手がいなくちゃ気に入らない。ポールはパパと一緒にいるのが大好きなんだ。なのに、「パパとのおつき合い」っていう世界をどうやって進んだらいいかがわからなくて困ってる。地図はあるけど磁石がない、あるいは、磁石はあるけど地図がないって感じです。

ポールも大きくなりましたから、そろそろ、一人で外の世界へ出かけて行く年ごろです。帰ってきたら、父親に「あれができたよ」「これもできたよ」って胸を張って報告する。そうするうちに、父親に見守られていなくても、自分でいろいろできるぞって自信がついていくと思うんです。たとえば、学校であったことを報告するのもそう。学校へ行って、帰ってきて、「今日はこんなことがあったよ」って報告する。ポールに必要なのは、そういう会話なんじゃないかな。父親との間で、この種のやりとりをくり返してるうちに、自分の行動や思考に自信が持てるようになっていくんじゃないかと思うんです。あの子も、いつかは自分の足で立たなくちゃいけない日が来る。何でも自分で選んで、決断しなくちゃならない日が来るんですからね。

ポールと息子がムキになって言い争ってるのを見ると、思わず口を出したくなります。「なあ、ちゃんと理屈で言って聞かせたらどうだ。この子ならもうわかるはずだよ」ってね。いや、こんなこと、口で言うのは簡単だが、実行するのは大変なことです。それはわかってる。何も、あの二人はすぐ爆発するって言ってるわけじゃない。息子だってがんばってる。ポールの言い分を聞こう、ポールの状態を計算に入れて考えようと努力してるのはわかる。でも、がんばってるだけになおさら、ポールが思うように反応しないと、がっかりして腹が立ってしまうようなんです。二人のテンションがエスカレートしていくようすは、まさに悪循環です。見てると、口出ししたくてたまらなくなる。でも私だって、どうすれば止めてやれるのかわからない。それ以前に、果たして私なんかがそうやって口を出したりしていいのかってこともありますしね。本当のことを言うと、私はポールをどこか散歩にでも連れ出してやりたいんです。そうすれば、ポールも息子も、頭が冷えて、状況を冷静に見られるようになるでしょうから。

息子もいろいろ問題を起こしたから、私もそのたびに雷を落としたもんです。でも息子は、ぐずぐず泣いたり、それでくじけたりなんかしなかった。しっかりと結果に立ち向かい、自分の起こした問題は自分で片づけた。自分の息子が、こうして自分の不始末の責任を引き受けてるのを見ると、こっちまで鼻が高かったですよ。息子はいつも、自分のやらかしたことの後始末には、自分も加えてほしがる子でね。それを見ると、ああ、自分の育てかたはまちがってなかったって、お墨付きをもらえたような気がしたもんです。息子が大人になってから困らないよう、私はちゃんと、息子を器の大きい人間に育てることができたんだってね。本当いうと私は、びしびし厳しくってのはあんまり好きな方じゃない。どっちかっていうと、コーチみたいなやりかたの方が好みなんですよ。

実は、孫を見てると、息子の小さいころに比べて、問題を解決する力がもう一つなんです。「自分の失敗なんだから、自分の手で始末をつけたい」っていう意欲も、息子ほどには見られません。自分の行動に責任を負うっていう態度がいまひとつ育ってないんですね。息子はそりゃもうありとあらゆるめんどうを起こしてくれたもんですが、いいことであれ悪いことであれ、責任逃れをしようとするとこなんて一度だって見たことがないのに。悪いことをすれば素直に認めるし、事情によっちゃ、やってないことまでひっかぶってたくらいです。

これは私の考え方のクセなんでしょうけど、人間、誰だって、生きている間にはいろいろあるもんです。山を登って、越えなきゃならないときだってあるもんだ。それに、人間なんだから完璧じゃない。みんなどこか欠陥はあるんです。欠陥のために成長がじゃまされることも、なかなか成果をあげられないこともある。欠陥っていっても大小さまざまだから、中にはADHDみたいに、特別目立つやつもある。大事なのは、最初は欠点だったものを逆手にとって長所にすること、その方法を見つけることなんですよ。

息子はADHDだからっていって、横道にそれたりはしなかった。ちゃんと楽しく生活してるし、成功してる。孫のポールだって、大きな目で見れば恵まれてる方ですよ。欠陥はあるけど、でも、ポールの欠陥は修正のきくものなんだし。それに、使いようによっちゃ、逆手にとることもできる種類の欠陥なんですから。息子がポールのためにがんばるなら、ここのところをこそがんばるべきだと思うんです。今、応援して、支えてやれば、将来おつりがくるほど報われるのは、この点ですよ。

息子と孫はしょっちゅう衝突もしてますが、息子はポールのことを心からかわいがってるし、ポールもそれをよくわかってます。「本気でやりたいと思えば、何だってできるんだよ」っていうメッセージも、ちゃんと伝わっています。今に、大きくなるころには、あいう問題をかかえてない子どもたちをはるかにしのぐくらいの人間になるはずですよ。

確かに孫はほかの子の知らない苦労をしてます。でも、孫の味わってる苦しみは、あの年ごろの子どもたちが誰でも味わう苦しみと、基本的には同じ種類のものだと思うんです。要するに、自分を見つけなきゃいけないってこと。自分が何者かを知るための苦労なんですよ。あの子はときどき、自分が何者か探りたいがために、父親に逆らってみたりしてますね。これは、あれくらいの子どもなら誰でも当然やることなんじゃないでしょうか。私は父親がいなかったから比べようがなくて、もう一つ断定できないんですがね。

でも、今日のことですが、息子は、五年前ならちょうど良かったんだろうけどって言いたくなるような接しかたをしてましたね。あれはもう少し手を放さなきゃいかんな。もうちょっと、手綱をゆるめないと。そうしないと、本当の意味で大人になるための一歩を踏み出せない。まあ、もしかしたら私の方が少しせっかちなのかもしれません。あるいは、孫の場合は、まだ手をゆるめるには早いのかもしれない。でも、私の勘では、そろそろ少しゆったり構えて、孫に自分で決断させる機会を増やすべき時なんじゃないかって気がするんですがね。

私に言わせれば、ハンディに負けない子、回復力のある子を育てようと思ったら、「この子は本当はいい子なんだ」と信じること、そして、生活の枠組みをかっちり作ってやり、首尾一貫した、見通しのきく家庭環境を与えること、それだけは最低限、絶対に必要だと思うんです。私が息子のためにやってきたのもそれだし、息子が今、自分の子どもたちのために、とりわけポールのためにやってるのもそれです。

人には誰でも価値観ってものがあって、みんな、自分なりの価値観に従って生きようとする。その価値観っていうのは、親が示してやることもあれば、外の社会から与えられることもある。親が「お前たちには、こんな価値観を持って生きてほしいんだよ」って伝えなかったら、子どもは、多数派の社会に言われるとおりの生きかたしかないと思ってしまいかねない。息子たち夫婦を見てたら、ちゃんと子どもたちの心のよりどころになってます。一般社会から突きつけられる無理難題に応えきれなくなったら、ちゃんと逃げ込める場所になってる。子どもたちにそういう「逃げ場」を用意してやらないのは、危険なことですよ。一般社会の価値観じゃやっていけない、でも家にも別の価値観はない……。そうなると、家族以外に、誰でもいいから自分の生きられる価値観を与えてくれる人を探そうとしますからね。

親の影響は大きいですよ。子どもってのは、親のやること、やらないことを見て育ってしまうんです。親が望もうと望むまいと、親の一挙手一投足が、子どもに見られ、子どものお手本になってしまうんだ。

これだけは言っとかなきゃいけません。息子は実に裏表のない生きかたをしています。子どもたちに対して、正直なんですよ。本当は子どもの意見なんか聞きたくないときでも、意見をきき、言わせてますからね。息子がこうして率直に接するからこそ、子どもたちは言い分を聞いてもらえるし、この家は自分の居場所だと実感できるんです。息子が今やってることは、私と家内がうちの子どもたちにやってきたのとまったく同じことです。要するに、つきつめたら、愛があるかどうかってことじゃないでしょうか。私の孫たちは、息子の愛をしっかり受けとめてます。息子が私らの愛を受けとめてたようにね。息子は、とても大切なわが家の伝統を、次の世代に引き継いでくれているんですよ。

あとがき

朝倉玲（ＡＤＨＤ児療育自助団体、えじそんくらぶの会　福島ＡＤＨＤの会
「とーます！」会員。子育て・お料理・創作ＨＰ「アサクラ・タウン」主宰）

父親というのは、子どもと接する時間が短い割に子どもに与える影響が大きいな、と私はいつも感じます。子どもの面倒をみている時間は圧倒的に母親の方が長いのに、子どもはやっぱり父親のことも大事。ちょっと不公平だな、と思うこともあるけれど、振り返ってみれば私自身もそんなふうに育ってきたのですから、しかたありませんね。

しかも、私が父から影響を受けたのは、価値観とか人生観といった生き様に関わる部分が多いようです。交わすことばの量はそれほど多くはなかったのに、何かの場面で父が言ったひとことが、今でも心に残っていたりします。娘だった私でさえこうなのですから、同じ男同士である息子にとっては、父親はもっと重要な意味を持っているのだろうな、とも思います。

この本は、たくさんの父親たちへのインタビューを中心に書き進められています。インタビューの中に登場してくるのは、親の言うことを聞かず、行動も感情の起伏も激しい、一番手こずるタイプのＡＤＨＤの男の子たちです。でも、彼らは実は一番親の助けを必要としている子どもたちでもあるのです。子どもの人生に影響を与える父親たちに、彼らの良い案内人になって欲しい、という筆者たちの願いが、インタビューを通してひしひしと伝わってきます。

さて、我が家にも二人の息子がいます。今年小学一年生になった次男がＡＤＨＤです。主人の案内人ぶりはどうかというと、「子どものありのままの姿を認める」という条件はほぼクリアできているように思います。主人が次男を「おまえはダメなヤツだ」とか「どうしてそうなんだ」とか言って叱っているのを聞いたことはありません。運動会では次男はいつも決まってビリですが、見終わった後、主人は次男に言います。「よくがんばったねぇ。えらいえらい」次男はそれを聞くと、ちょっと照れたように、にやにや笑います。

でも、そんな主人にも、心に描いていた理想の息子像を、密かに自分で叩き壊していた時期があったような気がします。それに子どもが人生の困難に出くわしたとき、積極的に援助の手をさしのべられるかどうかは、かなり疑問です。今はまだ、妻（つまり私）にせっつかれて子どもと関わっている場面も多いですから。父親としてはまだまだ発展途上中なのです。

でも、それで良いのだろうとも思います。私たちが完璧な母親にはなれないように、父親だって完璧を目指したりしたら、子どもと関わるのが辛くなるでしょう。そんなふうでは、良い案内人にはなれないと思うのです。

親が完璧でなくたって、子どもは親が自分を応援する気持ちを感じ取ります。子どもを理解し応援しながら、親子で一緒に歩いていく中で、心から心へ伝わっていくものがあるような気がするのです。

これは父と息子に限らず、ＡＤＨＤのあるなしにも関わらず、すべての親と子の間で言えることですね、きっと。

それでも、我が子をどう理解してよいのか分からないお父さんたちや、子どもの応援のしかたを思いつけないでいるお父さんたちには、ぜひこの本を読んでもらいたいと思います。悩んだりぶつかったりしながら、我が子を受け止められるようになっていった先輩お父さんたちの話が、きっとたくさんのヒントを与えてくれることでしょう。

また、お父さんの協力が欲しいと考えているのに、なかなか分かってもらえないでいるお母さんたちにも、この本をお薦めします。子どもたちにとってお父さんがどんなに大切な役割を担っているのか、お父さんにできることは何なのか。同じ父親たちが語ることばならば、ご主人にも共感しやすいことでしょう。ご主人の理解を得るために、ぜひこの本を活用してほしいと思います。

この本を通じて、一組でも多くの父子や夫婦がより良い関係になっていくことを、心から願っています。

二〇〇二年皐月

関連ホームページ

国内

ＮＰＯ法人えじそんくらぶ
http://www.e-club.jp
「理解と支援で『障害』を個性に」。ＡＤＨＤを持つ人たち、そしてともに悩む家族・教師を応援するＮＰＯ法人。

訳者サイト
http://member.nifty.ne.jp/unifedaut/
自閉連邦在地球領事館附属図書館

あとがき執筆者サイト
http://village.infoweb.ne.jp/~asakura/
アサクラ・タウン
創作と交流、料理と療育（主としてＡＤＨＤ児の）をテーマにしたサイト。

海外サイト

ＣＨＡＤＤ
http://www.chadd.org
22,000人の会員と225の支部を擁する全米最大の自助団体。子どもだけではなく大人のＡＤＨＤ者も対象。

自分で自分をもてあましている君へ
——あきらめないよ、ＡＤＨＤの君の将来

2002年7月10日　第一刷発行

著者
パトリック・Ｊ・キルカーＰｈ.Ｄ
パトリシア・O・クインM.D.

訳者
ニキ・リンコ

装丁
三枝ノリユキ

カバーイラスト
イチネイユミ

発行者
浅見淳子

発行元
株式会社　花風社
〒150-8512
東京都渋谷区桜丘町26-1　セルリアンタワー５階
電話 03-5728-1091
ファクス 03-5728-1092
http://www.kafusha.com
mail@kafusha.com

印刷・製本
中央精版印刷株式会社

ISBN4-907725-44-2